Le nouveau roman de l'auteur du *But*

# ÉVIDENT, NON ?

## La théorie des contraintes au service de la stratégie commerciale



afnor ÉDITIONS

**Du même auteur**

*Le But,* (3e édition) (avec J. Cox), AFNOR Éditions, 2007.

*Un an pour sauver l'entreprise* (avec E. Schragenheim et C.A. Ptak), AFNOR Éditions, 2003.

*Réussir n'est pas une question de chance*, AFNOR Éditions, 2002.

*Critical Chain*, AFNOR Éditions, 2002.



Couverture : création AFNOR Éditions – Crédit photo © 2010 Fotolia
ISBN 978-2-12-469903-2

Traduction française : Léona Hanse



AFNOR – 11, rue Francis de Pressensé,
93571 La Plaine Saint-Denis Cedex
Tél. : + 33 (0) 1 41 62 80 00 – www.afnor.org

# L’auteur

**Eli Goldratt** est pédagogue, auteur, scientifique, philosophe et dirigeant d’entreprise. Mais c’est avant tout un penseur qui incite le lecteur à réfléchir. Souvent décrit comme une personnalité anti-conformiste, stimulante, un pourfendeur de vaches sacrées, le Dr Goldratt pousse ses lecteurs à analyser et à réévaluer leurs pratiques professionnelles en adoptant une vision nouvelle et innovante.

Il est l’auteur du *But*, un best-seller qui utilise une approche non traditionnelle pour transmettre un message important à tous les managers. Ce livre, écrit sous la forme d’un roman, présente en fait la théorie des contraintes, un cadre de travail global qui aide les entreprises à déterminer :

- Ce qu’il faut changer – tout n’est pas à jeter !
- Quelles sont les solutions simples et pratiques qu’il faut adopter,
- Comment provoquer le changement et vaincre la résistance naturelle au changement.

Il est aussi l’auteur de la suite du *But*, *Réussir n’est pas une question de chance.* Tous les aspects de la structure de l’entreprise y sont examinés avec une approche originale : la théorie des contraintes permet d’éliminer les inepties qui sont monnaie courante dans le management des entreprises et de révéler ce qui se cache derrière notre inertie.

Son roman *Critical chain*, quant à lui, dévoile les raisons pour lesquelles les projets ne sont jamais achevés à temps, dans le cadre du budget ou des spécifications, et développe une approche du management de projet basée sur la théorie des contraintes. Dans *Critical chain*, l'histoire se déroule dans le milieu universitaire et traite également des problèmes liés aux programmes de MBA qui ne répondent pas aux besoins réels des entreprises.

Dans *Évident, non?*, il raconte l'histoire d'une entreprise commerciale familiale, montre comment, en combinant des techniques d'achat, de gestion des stocks en rapport direct avec les ventes et de partenariat avec les fournisseurs, on peut atteindre des résultats remarquables.

Fondateur de l'Avraham Y. Goldratt Institute, E. Goldratt est reconnu internationalement comme un maître à penser des systèmes de management. Il exerce également des fonctions de formateur pour de très grandes entreprises (General Motors, Procter & Gamble, AT&T, NV Philips, Boeing, etc.)

Diplômé en sciences de l'Université de Tel Aviv, docteur en philosophie de l'Université Bar-Ilan, il est également associé dans plusieurs entreprises industrielles. Fondateur de TOC for Education, une ONG qui a pour vocation d'enseigner la théorie des contraintes aux enseignants, il consacre aujourd'hui la plus grande partie de son temps à l'écriture, aux conférences et au conseil. Il continue également à voyager, à réfléchir et à provoquer !

Si vous souhaitez en savoir plus sur les activités du Dr Goldratt, connectez-vous sur : www.toc-goldratt.com.

# Sommaire

# Chapitre 1

« Cinquante pour cent de remise ! »

Paul White fixait des yeux la grande pancarte rouge, et se demandait à quel moment ses rêves avaient commencé à dévier. *Je n'ai pas la force d'affronter une de ces sales journées*, pensa-t-il en reprenant une gorgée de son café fraîchement moulu. Il prit une profonde inspiration, puis rectifia le tombé de son blazer bleu classique et entra dans Hannah's Shop, succursale de Boca Raton[1].

Des rejetons miniatures de la pancarte rouge de l'extérieur annonçaient leurs remises. Il y en avait partout. En tant que directeur du magasin, il avait misé gros sur le succès de ces soldes. Et pourtant, les files d'attente aux caisses n'étaient pas plus longues qu'à l'habitude, et il restait des piles imposantes de produits soldés. Les bas prix ne suffisaient plus à vendre. Paul haussa les épaules et passa la main dans ses cheveux grisonnants.

Que faire de plus ?

Ce magasin n'était pas une grande réussite, ça n'était pas une nouvelle, mais ce matin-là, Paul avait reçu les chiffres du mois. Dans le tableau de bord de rentabilité, le magasin de Boca était tombé à la huitième place, huitième sur les dix boutiques de la région. Paul n'avait jamais connu ça.

---

1. Ville balnéaire de Floride située entre Fort Lauderdale et West Palmbeach.

Il essaya de se débarrasser de son sentiment de malaise en traversant les 3 200 mètres carrés que couvraient les six rayons du magasin, tous sous sa responsabilité. Il passa devant les draps et les couettes, élégamment exposés en touches de bleu et de vert. Il s'arrêta un moment pour inspecter le décor de salle de bains qui avait été monté, où de gigantesques draps de bain bien épais étaient suspendus près des peignoirs. De l'autre côté, face à lui, le rayon textile pour la cuisine, avec ses tabliers et ses torchons qui côtoyaient des tables habillées de nappes et de serviettes assorties, avec leurs sets de table dans des tons d'automne. Le rayon tapis et moquette présentait des couleurs et des textures du monde entier ; enfin venait le rayon des rideaux qui déroulaient leurs teintes de blanc, d'or et d'argent.

Le magasin proposait toujours une grande variété de produits, et Paul s'était donné beaucoup de mal pour maintenir cette offre séduisante en permanence. Il s'efforçait de se montrer toujours réactif envers ses clients, et avait mis en place un processus qui permettait de changer les étalages intérieurs deux fois plus souvent que les vitrines. Le magasin proposait des prix attractifs et des promotions, et pourtant les ventes ne décollaient pas. Que faire de plus ?

Un jeune apprenti passa devant lui et le salua. Paul lui retourna son salut avec un grand sourire. Mais en son for intérieur il réfléchissait : s'il ne pouvait pas générer davantage de ventes, il faudrait peut-être licencier. Il n'avait aucun désir d'en arriver là, mais une personne en moins signifiait une économie de quelque 20 000 dollars par an. Il regarda autour de lui, et s'aperçut que bien que la période des fêtes ne soit pas encore à son apogée, tous ses vendeurs étaient occupés. Pas moyen de licencier qui que ce soit sans mettre en péril une partie des ventes. Le magasin tournait avec une masse salariale tout à fait raisonnable. Que faire de plus ?

« S'il vous plaît, Mademoiselle ». Une vieille dame à lunettes fumées s'adressait à Janine, un des managers du rayon. Elle désigna une nappe marron et demanda : « L'avez-vous en 1,50 m ?

– Je crains bien que non, répondit Janine. Il nous en reste deux de cette couleur en 2,20 m, mais en 1,50 m il ne m'en reste plus qu'une en bleu et beige. Une autre couleur peut-être ? Ou un autre motif ?

– Non merci. C'est pour ma sœur, et le marron est sa couleur préférée. »

La vieille dame s'éloignait, déçue. Paul s'approcha d'elle. « Pardon, Madame » lui dit-il en s'efforçant de ne pas se pencher en avant, malgré son bon mètre 90. « Je peux peut-être vous aider. Laissez-moi voir si je ne pourrais pas me procurer votre nappe auprès d'une de nos autres succursales. » La cliente accepta, et Paul appela la boutique de Boynton Beach. « Gary, est-ce que tu aurais une nappe marron, référence KTL 1860 en 1,50 m ?

– Attends, je vérifie », répondit Gary de sa voix nasale, et Paul l'entendit parler à un vendeur à l'autre bout du rayon. « Oui, mais je n'en ai qu'une. »

– J'ai là une cliente qui est intéressée. Tu pourrais me l'envoyer ?

– Désolé, Paul, ça n'est pas possible.

– Eh bien, voilà ce que j'appelle l'esprit d'équipe, marmonna Paul d'un ton amer.

– Paul, en parlant d'esprit d'équipe, et si tu m'envoyais plutôt ta cliente ? Ce sera beaucoup plus simple pour tout le monde. »

Déçu par son collègue, Paul décida de faire une autre tentative. Il appela Roger, le responsable régional du stockage. Leurs deux filles étaient à l'école ensemble, et ils étaient devenus amis. « Salut Roger. Désolé de t'embêter, mais j'ai quelque chose à te demander. Est-ce que tu aurais une nappe référence KTL 1860 ? »

– Bien sûr, Paul, je l'ajoute à ta livraison de mercredi. »

– Merci Roger, je parle à la cliente et je te rappelle. » Paul raccrocha et se tourna vers la vieille dame. « Madame, votre nappe sera là mercredi, annonça-t-il en arborant son sourire le plus commercial.

– Finalement, je ne suis pas sûre », répondit-elle tranquillement. « Le mercredi, j'ai beaucoup de choses à faire et je ne voudrais pas m'y prendre à la dernière minute. Je ferai peut-être un saut si j'ai le temps. »

Paul, désespéré, la regarda quitter le magasin et se maudit d'avoir pris la peine d'intervenir. Il n'avait fait qu'aggraver la sensation de cercle vicieux qu'il éprouvait. À l'évidence, cette femme ne reviendrait pas chercher la nappe. Ce qui signifiait qu'elle finirait dans les surplus de son magasin. Déjà, il organisait des soldes pour se débarrasser de son surplus, avec peu de marge voire à perte. Inutile de remplir le magasin avec des articles à faible rotation. Mais imaginons qu'il ne commande pas la nappe : si la cliente revenait, elle serait tellement déçue que non seulement il perdrait une vente, mais en plus une cliente. Que valait-il mieux risquer ? Perdre une vente ou avoir du surplus ? Ce dilemme le rendait fou. Pas étonnant que ses bénéfices ne soient pas plus élevés. Si seulement il pouvait savoir ce que les clients vont acheter…

Il rappela Roger. « Roger, envoie-moi la nappe, je te remplis le bon de commande spécial dès que je reviens au bureau. J'espère simplement que quelqu'un va l'acheter. » Il ajouta : « Roger, tu n'aurais pas une boule de cristal en stock ?

– J'en ai demandé deux à la direction, mais ils m'ont répondu qu'il faudrait attendre. » Le sourire de Roger était presque audible.

En raccrochant, Paul se demanda une fois encore ce qu'il pouvait faire de plus pour augmenter la rentabilité de son magasin. Et la réponse était tout simplement : « rien ». Ventes contre surplus : pour résoudre ce dilemme, il fallait rien moins qu'une boule de cristal.

# Chapitre 2

Caroline monta les marches du perron de la maison de ses parents, en bord de mer, le téléphone portable de son père à la main. Elle ferma les portes de verre derrière elle et vit se refléter l'image de ses enfants qui jouaient à la balle sur la grande pelouse, entre la maison et la baie. Les palmiers qui montaient la garde autour du porche de la maison familiale, récemment rénové par ses parents, projetaient une ombre agréable en cette fin d'après-midi.

Se dirigeant d'un pas ferme vers son père et son bras droit Christopher, Caroline passa derrière Paul, son mari, engagé dans une conversation animée avec sa mère et Jackie, la femme de Christopher.

« J'ai trouvé le Muniz tout à fait merveilleux », disait Lydia, la mère de Caroline. « Quel bel hommage !

– Et quel arrangement ! » Jackie se tourna vers Caroline et demanda : « Es-tu allée au vernissage de l'exposition anniversaire du Musée des Beaux-Arts de Miami ?

– Non, j'étais à l'étranger, répondit-elle.

– J'y ai emmené Lisa et Ben, dit Paul en souriant. »

Caroline l'embrassa sur la joue et ajouta : « Je crois qu'ils ont adoré ! », puis elle se dirigea vers le grill.

« Papa, tu deviens aussi étourdi que Ben », dit Caroline en tendant à Henry Aaronson son téléphone portable. Il y avait bien des ressemblances entre le père et la fille. Cette dernière avait hérité de ses cheveux noirs et de son regard sombre et perçant, ainsi que de sa détermination farouche. Le père, homme charismatique et imposant, eut l'air surpris d'avoir oublié son téléphone.

« Lui ai-je manqué ? », demanda-t-il en riant. Henry arrêta de retourner les hamburgers sur le barbecue et vérifia qu'il n'avait pas manqué d'appel important. Voyant qu'il n'y avait ni nouveaux appels ni textos, il glissa le téléphone dans sa poche. Désignant du doigt ses petits-enfants qui jouaient à la balle, il ajouta : « Si Ben a hérité de ma mémoire, j'espère qu'il a aussi pris mon don de lanceur. Christopher, tu te rappelles ce match contre le Miami Senior High ? »

Christopher mesurait au moins une tête de plus que son meilleur ami, qui était aussi son patron. « Oui, je me rappelle ! Pas un point de marqué ! Mais je me rappelle aussi que nous parlions des changements que Caroline veut apporter à notre nouveau système informatique. Vraiment, je pense que nous devons arrêter de tout changer sans arrêt.

– Mais mon département a besoin de cette nouvelle fonction. Ce n'est même pas la peine d'en discuter », répliqua Caroline avec véhémence. Elle dirigeait les achats pour la chaîne Hannah's shop, et voulait la perfection dans tous les domaines. « Cela nous permettra de gérer les offres et les tarifs beaucoup plus efficacement.

– Caroline, répondit Christopher, nous ne pouvons pas passer notre temps à tout changer. Ces soi-disant améliorations permanentes provoquent des dysfonctionnements depuis plus d'un an. Trop, c'est trop. Dans peu de temps, tu auras la main sur tout. Mais pour l'instant, reconnais que ces changements pourraient bien nous conduire au désastre.

– Je pense que nous devrions l'écouter, sur le long terme, cela nous fera faire des économies, intervint Henry. Je veux que l'informatique me soumette un devis mardi au plus tard. »

Voyant que Paul avait rejoint les enfants qui s'amusaient à faire rouler la balle autour de la pelouse, Caroline se prit à penser qu'encore une fois, elle sacrifiait le temps de sa vie privée à son travail. Les enfants grandissaient si vite… Avant même qu'elle ne s'en rende compte, ces moments de bonheur ne seraient plus qu'un souvenir.

« Oui Papa, je te demande le devis aussi rapidement que possible », dit-elle. Elle attrapa un gant qui était posé sur un coin de marche, et bondit pour se placer entre Ben et Lisa. « Moi aussi, je veux jouer ! » s'exclama-t-elle.

Au moment du dessert, Henry se leva. Il regarda le petit groupe familial et amical qui s'était réuni pour fêter l'anniversaire de Lydia. Caroline, Paul et leurs enfants ; le bras droit de Henry, Christopher et sa femme Jackie ; Gloria, l'amie d'enfance de Lydia, et son mari actuel.

« Il y a quarante ans, je suis tombé amoureux de la plus belle cliente du magasin de ma mère », raconta Henry en prenant tendrement la main de sa femme. « J'ai su tout de suite que je voulais passer le reste de ma vie avec toi. Comme tu l'as si souvent dit, et avec raison, j'ai passé trop de temps au travail. Il est temps que je réalise mon souhait le plus cher. Cette année sera la dernière que je passerai en tant que président de Hannah's Shop.

– Henry chéri, jamais tu ne partiras, tu aimes trop ton entreprise, lui répondit Lydia sur le ton de la réprimande. C'est ton bébé.

– C'est pourquoi je la laisse à mon autre bébé, répondit-il. Caroline s'en tirera très bien sans moi. »

Paul se figea sur sa chaise, et Caroline protesta : « Papa, ce n'est ni le moment… »

« ONCLE DARREN ! ». Ben, 13 ans, s'était mis à hurler à la vue d'un beau brun qui souriait à la porte de la véranda.

– Surprise, surprise ! s'exclama Darren. Il s'avança et prit Lydia dans ses bras. Joyeux anniversaire, Maman ! Je serais arrivé plus tôt s'il n'y avait pas eu du retard à La Guardia.

– Si tu travaillais à Miami, il n'y aurait jamais de retard, gronda Henry. Et nous verrions tes jumeaux en dehors des vacances.

– Je suis content de te voir aussi, papa. Le frère aîné de Caroline s'assit entre sa nièce et son neveu et les prit chacun par l'épaule. Mais tu ne viens pas dire que bientôt tu aurais plein de temps pour aller voir tes petits-enfants ?

– Tu veux manger quelque chose ? interrompit Lydia, faisant, comme à son habitude, tampon entre le père et le fils. On peut te faire un hamburger en un rien de temps.

– Non merci maman. Je prendrai juste un double dessert. »

Caroline se pencha et embrassa son frère sur la joue. Paul passa à son vieux colocataire une part de gâteau et dit : « On a beaucoup de choses à se dire. »

# Chapitre 3

« J'aurais pu demander un taxi, tu sais, » dit Darren en bouclant sa ceinture.

Paul avait insisté pour reconduire son ancien camarade de fac à l'aéroport. « Ça fait si longtemps qu'on n'a pas eu l'occasion de parler tranquillement, tous les deux. Ça nous donne une bonne occasion », répondit Paul, arrêté au feu rouge. « Tu as quelqu'un dans ta vie, en ce moment ? »

– Tu fais concurrence à ma mère ou quoi ? Non, personne pour l'instant. Le travail me prend trop de temps.

– Un gros projet qui te garde éveillé la nuit ? demanda Paul en engageant son Grand Cherokee sur la voie express. Il n'y avait pas beaucoup de circulation.

– Je suis engagé dans plusieurs projets, et n'importe lequel d'entre eux pourrait prendre d'importantes proportions du jour au lendemain, répondit Darren, et ses yeux bleu-gris brillaient. Le monde du capital-risque est plein de surprises. En fait, j'ai conclu un marché de dernière minute un quart d'heure avant d'arriver à la maison hier.

– Et moi qui croyais que tu étais venu en Floride pour l'anniversaire de ta mère, dit Paul. Je pensais pourtant qu'avec toute ton expérience, tu ne serais plus obligé de t'engager autant sur tous les fronts. Ce sont les opportunités qui devraient te courir après, et pas le contraire !

– D'accord ! Jusqu'à présent, tu te tues au travail et c'est quelqu'un d'autre qui tire les marrons du feu, et tu dois te contenter des miettes. Tu n'aurais pas envie d'être le chef, et plus un simple intermédiaire ?

– Attends, je vois où tu veux en venir. Darren se tourna sur son siège pour faire face à son beau-frère. Tu me parles d'investissements ou de linge de maison ?

– Je crois que tu devrais songer à revenir dans l'entreprise, dit Paul d'un ton déterminé. Il tourna sur la I-95 et ajouta : Nous savons tous que c'est toi que Henry voudrait comme successeur.

– Pas question de revenir diriger l'entreprise de mon père. Je me suis installé à New York pour faire mon propre chemin, affirma Darren. En plus, pour autant que je le sache, le linge de maison est une industrie lente ; rien ne change vraiment. Dans le capital-risque, il n'y a pas de limite. Il y a toujours de nouvelles directions à prendre, toujours quelque chose d'excitant à entreprendre.

– Oui, tu as peut-être raison. Paul réfléchit : il avait essayé, mais ça n'avait pas marché. Darren était toujours aussi déterminé.

– Bien sûr que j'ai raison, répondit Darren. En plus, Caroline fera un bon président.

– C'est vrai, mais quand cela se fera, je ne pourrai plus quitter l'entreprise.

– Quitter l'entreprise ? Darren était réellement surpris. De quoi tu parles ?

– Darren, tu sais bien que je suis coincé avec ce magasin.

– Tu t'es déjà retrouvé coincé, et à chaque fois tu t'es débrouillé pour décoller et surprendre tout le monde. Quand tu étais aux achats, tu étais désespéré. Et puis tu as inventé ces nouveaux critères pour l'ouverture des nouveaux magasins. Et tout cela fait maintenant partie des plans d'expansion de l'entreprise. Je te connais mieux que tu ne crois, M. White. Le séduisant capital-risqueur n'avait jamais vu son meilleur ami aussi déprimé. Il essaya de lui remonter le moral : Tu te rappelles à l'université, quand tu t'es retrouvé à la traîne parce que tu inventais n'importe quelle excuse pour retourner en Floride voir Cara ? Ça ne t'a pas empêché de terminer troisième de la promotion. Je suis sûr que tu vas t'en sortir.

– J'aimerais en être aussi sûr que toi. Paul haussa les épaules : Depuis que j'ai repris Boca, le magasin n'a fait que baisser dans les classements ; ce trimestre, il est à la huitième place.

– Peut-être que ce n'est pas ta vocation de diriger un magasin. Tu as d'autres compétences, celles qu'il faut pour manager de grosses unités. À la prochaine promotion, tu vas te reprendre, tu vas trouver ta solution.

– Tu te rappelles les conditions que j'ai posées quand j'ai rejoint l'entreprise ? demanda Paul sur un ton rhétorique.

– Pas de passe-droits. Tu voulais démarrer en bas de l'échelle. Passer d'un poste à l'autre pour apprendre tous les aspects de l'entreprise.

– Oui, mais pas de passe-droits, ça signifie que je ne veux pas être promu si je ne le mérite pas. Tu sais, la meilleure leçon que m'ait donné mon père, c'est que lorsque tu obtiens des médailles sans les mériter, c'est le pire mal que tu puisses te faire, à toi, à ton estime de toi, à ton intégrité.

Encore ces vieux trucs du coach White, pensa Darren. Aussi nuls que les règles que mon propre père me sort à chaque fois qu'il peut.

Paul poursuivit : « C'était mon idée de commencer tout en bas et de progresser à la force du poignet, au lieu d'être parachuté à un poste de direction parce que j'étais le mari de la fille du patron. Darren, toi qui ne veux pas avoir l'impression d'être un « fils de... », tu devrais comprendre que je ne me contenterai pas d'être le « gendre ».

– Je ne vois pas le problème. Tu as occupé pas mal de postes dans l'entreprise, tu as beaucoup d'expérience. Tu as prouvé ta valeur à chaque étape. Que veux-tu de plus ?

– Presque à chaque étape, précisa Paul. Tous les deux postes, j'opère un changement. Pas toujours énorme, mais je me débrouille pour laisser mon empreinte. Mais là, à la direction, au cœur de Hannah's Shop, j'ai échoué. Peut-être est-ce parce que j'ai le pire emplacement, dans ce centre commercial vieux et laid. Peut-être est-ce parce que ma clientèle est constituée de vieilles dames riches, et que la chaîne est plutôt conçue pour les classes moyennes. Toutes ces excuses ne changent rien au fait que je n'ai pas prouvé ma valeur à cette étape cruciale.

– Peut-être qu'il te faut un peu plus de temps ?

– Voilà bien le problème. Il ne m'en reste pas beaucoup. Paul semblait perturbé. Cela fait trois ans que je suis là. Il y a un an, on a commencé à me mettre la pression pour que je progresse, alors j'ai résisté autant que j'ai pu, j'ai essayé de gagner du temps. Mais si j'en crois ma performance, il y a beaucoup d'autres personnes qui mériteraient d'être promues avant moi. Darren, si tu me connais, tu sais que je ne peux pas l'accepter. Pas question.

Paul évita un motard qui roulait à fond et poursuivit : « De toute façon, la promotion est au coin de la rue. Dans six mois je devrais être en train d'apprendre les ficelles de mon prochain poste. Jusqu'à hier soir, il était clair que j'avais six mois pour améliorer les choses ou m'en aller. Et puis voilà que Henry m'annonce que même cette option-là n'est plus valide. »

– Pourquoi ? Parce qu'il donne les rênes à Cara ? La question était inévitable. Cela fait des années que nous savons que c'est dans les tuyaux. Et pourquoi est-ce que ça t'empêcherait de partir ? Cara comprendra la complexité de ta situation, elle ne t'en voudra pas. Et peut-être que si Paul s'en va, pensa-t-il, cela montrera au vieux que cette entreprise n'est pas le paradis qu'il croit, et que tout le monde ne s'y adapte pas.

– Tant que la promotion était juste dans les tuyaux, j'avais du temps, expliqua Paul. Honnêtement, Henry a toujours parlé de prendre sa retraite, mais jusqu'à hier soir il n'avait jamais donné de date précise. Nous pensions avoir plusieurs années devant nous. Et à ce moment-là les enfants auraient grandi.

– Les enfants ? Tes enfants, tu veux dire ? Qu'est-ce qu'ils ont à voir là-dedans ?

– En ce moment, répondit Paul, avec tous les problèmes économiques, Cara est souvent à l'étranger. Donc c'est moi qui m'occupe de Ben et de Lisa à la maison. Si Cara est présidente, elle aura encore moins de temps à leur consacrer. Tu sais très bien que je ne trouverai jamais un job digne de ce nom si je ne peux pas voyager. Avec une promotion interne, j'aurais pu me débrouiller. Avec Cara, nous aurions pu nous organiser pour que nos voyages ne tombent pas en même temps. Mais je ne pourrai pas le faire si je quitte l'entreprise. Ce qui signifie que pendant ces années cruciales, les enfants n'auront ni leur père ni leur mère. Lisa n'a que neuf ans !

– Et tu n'envisageras jamais que ta propre réussite est plus importante que celle de Cara, ou que les besoins de tes enfants, conclut Darren, sincèrement compréhensif. Donc au lieu de lui demander de renoncer à son poste de rêve, tu me demandes de le lui voler ?

– Mais ça n'est pas son poste de rêve.

– Tu te moques de moi ? Hannah's Shop, c'est sa vie. Darren regarda Paul d'un drôle d'air. Est-ce qu'elle a dit qu'elle ne voulait pas du poste ?

– Pas en ces termes, répondit Paul. En fait, Caroline a toujours dit que les achats, cela lui allait comme un gant. Prévoir les tendances du marché, choisir les nouvelles collections, obtenir les meilleures conditions auprès des fournisseurs : c'est à cela qu'elle est bonne, c'est cela qu'elle aime. Elle détestera être président, administrateur en chef, noyée sous les chiffres et les stratégies mesquines et égocentriques. Je sais qu'elle sera malheureuse.

– Donc tu voudrais que j'arrive sur mon fier destrier, que je brandisse mon épée, que je prenne la présidence de force, que je vienne au secours de la gente dame et que je sauve la situation pour tout le monde ? Darren ne pouvait pas s'empêcher de sourire. Mon pote, je t'adore, mais là tu m'en demandes un peu trop.

– Je sais, je sais, s'excusa Paul. Mais ça valait le coup de tenter…

– Il va falloir que tu serres les dents.

– Oui.

– Et Caroline, qu'est-ce qu'elle dit quand tu parles de partir ?

– Je ne lui en ai pas encore parlé. Paul ralentit et se laissa doubler par une camionnette grise. Je n'ai pas trouvé le moyen de lui dire. Depuis des années, elle dit que ce sera formidable de pouvoir aller au travail ensemble. Je ne sais pas comment lui dire que ça n'arrivera pas.

– Il le faut, dit Darren au moment où ils arrivaient à l'aéroport international de Miami. Si j'ai appris quelque chose de mon divorce, c'est bien ça. Il faut parler des problèmes, aussi tôt que possible. »

En arrivant au terminal des départs, Paul répondit : « Je sais. Il faut juste que je trouve le moyen. » Paul raisonna : au moment voulu, il parlerait à Cara. D'ici là, une solution apparaîtrait sûrement, et cette pénible conversation serait devenue totalement inutile.

« Et si tu finis par quitter l'entreprise, dit Darren en ouvrant la portière pour sortir, appelle-moi. Tu sais que j'apprécie tes talents. »

# Chapitre 4

Paul se brossait les dents quand son portable sonna. Caroline étendit le bras au-dessus du lit *king size*, attrapa le téléphone sur la table de nuit et répondit.

« Oh, d'accord, » dit-elle en se levant pour aller à la salle de bains. « Chéri, c'est la sécurité. »

Il se rinça la bouche précipitamment et prit l'appel.

– Oui ?

– M. White, Darla, du service Urgences Sécurité Granbury. Une fuite d'eau a été détectée aux entrepôts A5 du centre commercial de Boca Beach. »

Le son de sa voix était presque métallique. Paul raccrocha et reprit son brossage. Un des inconvénients les plus agaçants de la possession d'un portable était que les gens qui géraient des alarmes qui avaient tendance à se déclencher pour rien pouvaient vous trouver à n'importe quel moment, où que vous soyez.

Paul enfilait un pantalon gris quand le téléphone sonna à nouveau.

« Bonjour Ted, dit Paul à son chef de rayon. Tout est prêt pour la nouvelle collection ?

– Oui, mais nous avons un gros problème. Un énorme problème. Le sourire de Paul s'effaça. Un tuyau a explosé dans le plafond de l'entrepôt. Il y a de l'eau partout. Ils viennent de fermer les canalisations principales, je vais pouvoir y aller voir dans une minute.

– On parle de quelle quantité d'eau ? demanda Paul en s'asseyant pour enfiler chaussettes et chaussures.

– Je n'en ai aucune idée. Beaucoup. Je ne connais pas encore l'étendue des dégâts, mais John, de Kaffee Books, dit que tout son stock a été détruit.

– J'arrive.

Paul exposa la situation à Caroline, lui demanda de l'excuser auprès des enfants pour avoir manqué le petit-déjeuner et se précipita dehors, veste et cravate à la main.

En voiture, en direction de l'I-95[2], Paul appela son chef de rayon.

– Ted, fais-moi ton rapport.

– Il semblerait que la plupart des cartons soient intacts, l'informa Ted, et Paul soupira de soulagement. Nous montons tous ceux qui sont endommagés.

– Une fois que vous aurez terminé, mettez-vous à plusieurs et ouvrez les cartons pour voir ce qui peut être sauvé, mais surtout montez bien tous les cartons abîmés, exigea Paul. L'humidité et les odeurs ont vite fait de s'imprégner dans les tissus.

– Je les mets dans le parking ?

Paul tourna sur la voie express, et prit une décision rapide. « Non, mettez tout à l'intérieur du magasin. Appelez-moi dans une demi-heure pour faire le point. »

Sa jeep n'avait jamais roulé aussi vite…

Au sixième essai, arrivé près d'Aventura, Paul parvint enfin à joindre le responsable du centre commercial. « Raul, c'est Paul, Hannah's Shop. J'arrive au centre. C'est grave ? »

– Paul, je ne peux pas te parler pour l'instant. Ne t'en fais pas, on contrôle la situation. Notre assureur est déjà là et je suis sûr que d'ici trois ou quatre jours, tout sera rentré dans l'ordre. » Raul raccrocha avant que Paul puisse poser d'autres questions.

Paul arrivait à Deerfield Beach quand Ted l'appela.

– Oui, Ted.

---

2. Principale voie express de la région de Miami.

– Nous avons déblayé tous les cartons abîmés, on est en train de vérifier la marchandise, dit-il. Mike et Isabella viennent d'arriver, et nous avons commencé à monter le reste des cartons, comme tu l'as demandé.

– Merci, Ted. J'arrive dans une dizaine de minutes.

Paul était reconnaissant à son responsable d'être arrivé tôt. C'est toujours agréable de savoir qu'on peut compter sur quelqu'un.

Paul se gara sur son emplacement ; il ne put s'empêcher de regarder les piles de livres mouillés et de boîtes à chaussures qui se trouvaient dans le parking. Bon sang, se dit-il, ça a fait des dégâts ! Kadence, la propriétaire de Kaffee Books, se tenait là, abasourdie, sur le quai de chargement. Le spectacle était impressionnant, et Paul commença à craindre que Ted n'ait sous-estimé le véritable préjudice subi par sa marchandise.

Paul entra dans le magasin par le quai de chargement. Il fit signe à l'un des employés qui attendait, un chariot vide à la main, près du monte-charge. Il passa devant son bureau à toute vitesse : il avait hâte de voir comment se présentaient les lieux. Là-bas, sous les cœurs et les flèches qui avaient été accrochés pour fêter la Saint-Valentin, l'équipe avait constitué une chaîne humaine, et elle s'affairait à rentrer la marchandise. Il s'approcha de Ted, qui se tenait à côté de trois vendeurs occupés à déballer et à vérifier des produits. Légèrement plus jeune que lui, Ted, originaire du sud de Miami, arborait une chevelure couleur sable.

« Alors, quels dégâts ?

– Patron, on a eu de la chance, répliqua Ted. Je crois que l'emballage plastique a protégé une grande partie de la marchandise dans les cartons qui ont été inondés. Mais nous avons perdu quelques rouleaux de moquette et des tentures, nous ne sommes pas encore sûrs de la quantité. »

Paul était soulagé. Vu la situation de ses voisins, il pouvait s'estimer heureux. « Merci, Ted. Tu fais un boulot formidable. J'apprécie tes efforts, et tout le travail de l'équipe. Merci infiniment. »

Il était clair que le magasin ne pourrait pas ouvrir ce jour-là. S'il voulait ouvrir le lendemain, il faudrait débarrasser le stock aussi vite que possible. « Je vais au dépôt, dit-il à son collaborateur. Il faut que je voie les choses de mes propres yeux. »

La première chose qui frappa Paul en sortant du monte-charge fut l'odeur d'humidité. Pour générer une odeur si forte et si vite, il avait fallu une inondation impressionnante sur les livres et les chaussures. Le stockage souterrain du centre commercial disposait d'un système de ventilation aussi vieux que les premiers habitués du centre. Si ça ne séchait pas très vite, tout le plancher empesterait bientôt le moisi.

Le sol gris était encore mouillé, et Paul dut faire attention en marchant jusqu'à sa réserve. Les doubles portes avaient été ouvertes pour faire courant d'air, et il vit une fissure au plafond, d'où de l'eau gouttait encore. Il regarda ses rayonnages industriels, qui d'habitude accueillaient les nombreux cartons contenant les deux mille références vendues par le magasin. L'eau avait touché quatre rayonnages : il avait de la chance de s'en sortir à si bon compte. Il remercia les dieux de la protection plastique et de l'emballage sous vide.

Il alla jusqu'à la réserve de Kadence, à côté de la sienne. L'endroit était dans un état lamentable. Une grande partie du plafond s'était creusée, et la longue fissure était visible sur les vieux tuyaux. De grandes plaques de plâtres s'étaient écrasées au sol, au beau milieu de pages trempées, de reliures mouillées et de cartes de vœux en forme de cœur complètement noyées.

Au beau milieu de l'entrepôt, se tenait un homme, âge moyen, cheveux noirs, vêtu d'une combinaison de travail marquée « Al le Plombier » en jaune sur le dos. Il donnait des instructions à un jeune homme qui semblait avoir peur de son ombre.

« Alors, le verdict ? demanda Paul.

– Cocktail mortel : vieux tuyaux, refroidissement soudain de la température hier soir, lui répondit le plombier. On a eu la même chose à Palm Beach l'année dernière.

– Je suis le propriétaire de la réserve A5, juste à côté. Il faudra combien de temps avant qu'on puisse y remettre le stock ? »

Al se gratta le front avec un crayon et fit un pas du côté droit, comme si la lumière y était meilleure :

« Je dirais six ou sept semaines.

– Vous voulez dire six ou sept jours, j'imagine. Paul ne pouvait pas contrôler son inquiétude.

– Non, impossible de dire moins, confirma le plombier. Il faut que j'ouvre le plafond sur toute la zone, que je remplace les tuyaux principaux, et que je referme. En plus, l'installation est si vieille que je ne suis pas sûr de trouver les bons joints. Il y a de fortes chances pour que je sois obligé de tout remplacer.

Et bien sûr je ne peux pas prendre la responsabilité des marchandises qui se trouveraient là jusqu'à ce que j'aie terminé.

– Pas moyen de faire plus vite ? L'anxiété de Paul était évidente.

– J'ai bien peur que non, répondit Al. En fait, j'ai trois autres chantiers en ce moment. J'ai tout laissé tomber pour venir ici, et Dieu seul sait si une autre urgence ne va pas se manifester avant que j'aie terminé le boulot.

– Mais Jeudi, c'est la Saint Valentin ! dit Paul, désespéré. J'ai besoin d'une réserve en état de marche !

– Merci de me le rappeler, dit le plombier. Il faut que j'achète des roses pour ma femme. »

Paul monta l'escalier quatre à quatre, furieux, et fit irruption dans le bureau du manager du centre. Il y trouva trois autres managers en train de hurler après Raul.

« Mais je n'ai pas de surface libre ! », plaidait-il, désespéré. « Kaffee Books et Eleganz Shoes sont les plus durement touchés, c'est pourquoi je leur ai alloué les deux zones disponibles.

– Et vous comptez faire quoi ? demanda, furieux, Jimenez, le responsable du magasin d'informatique.

– On répare les tuyaux. C'est tout ce que je peux faire. L'assurance couvrira tous les dégâts, ne vous en faites pas. (On aurait dit que Raul le moustachu récitait par cœur son manuel professionnel.)

– Les dégâts, c'est une chose, insista Paul en levant les bras. Mais c'est la Saint Valentin dans quelques jours – je ne peux pas me permettre de perdre ces ventes !

– Je n'y peux absolument rien, dit Raul. Mais tous les dégâts seront couverts. Tous. »

Paul, frustré, quitta le bureau de Raul. Aucune solution n'avait été proposée, et il fallait ouvrir le magasin sinon le jour même, au moins le lendemain. Mais que faire du stock ? Où le mettre ? Il fallait trouver tout de suite une solution de secours.

Paul rentra dans Hannah's Shop par la grande porte. Il fut catastrophé par la quantité de cartons qui jonchaient les allées jusqu'au fond du magasin. Tout le monde s'activait. Certains ouvraient des cartons abîmés, d'autres vérifiaient la marchandise, d'autres encore essuyaient l'eau sur les emballages plastiques. Même sa secrétaire Alva était enfouie sous les serviettes.

Il entra dans son bureau, ouvrit les pages jaunes et appela les entrepôts du quartier.

« Il faut de l'espace aujourd'hui ? Eh bien ça devrait pouvoir s'arranger. Deux cent cinquante dollars le mètre carré, ça vous va ? »

Puis, trois minutes plus tard : « Désolé, je viens de louer notre dernier espace. Nous aurons une disponibilité dans deux semaines. Voulez-vous réserver ? »

Le dernier de la liste répondit : « Et alors, c'est le prix à Boca. Si vous voulez moins cher, j'ai quelque chose à vous proposer à Delray Beach[3]. »

Paul, complètement démoralisé, baissa la tête. Apparemment il n'avait pas le choix : il faudrait qu'il paye ce prix extravagant s'il voulait ouvrir son magasin. Ce qui signifiait la disparition de tous les bénéfices jusqu'à ce que les tuyaux soient réparés, et Dieu seul savait combien de temps il faudrait. C'était la goutte d'eau qui faisait déborder le vase. Il ne lui restait plus aucun moyen d'améliorer les résultats du magasin et de justifier sa promotion. Bientôt, son passage chez Hannah's Shop ferait partie de l'histoire.

C'est à ce moment que Ted entra. « Patron, vous pouvez venir au quai ? Le camion vient d'arriver avec la nouvelle collection. »

« Oh, non. » Paul avait complètement oublié cette livraison. Il avait prévu de consacrer la matinée à la réfection des étalages, mais au lieu de cela il se retrouvait au beau milieu d'une crise. Il se précipita dehors, où il trouva le chauffeur du camion occupé à décharger des palettes entières de marchandise.

« Non, non ! s'écria Paul. Ne déchargez pas ! Vous voyez bien que nous n'avons pas de place pour stocker la marchandise !

– Moi, je fais ce qu'on m'a dit, répondit le chauffeur. Je vous dépose votre marchandise.

– Je vous en prie, arrêtez, implora Paul. Deux minutes, j'appelle votre patron. »

Il sortit son portable et appela le dépôt régional.

« Roger, c'est Paul. J'ai une urgence. » Paul briefa Roger et demanda si on pouvait dire au chauffeur de reprendre la marchandise qu'il venait de livrer.

« Bien sûr, Paul, passe-le moi. »

---

3. Soit 15 km environ au nord de Boca Raton.

Paul tendit son téléphone au chauffeur tatoué qui écouta, marmonna quelques mots dans sa barbe, lui rendit l'appareil et commença à recharger le camion. Paul le remercia, puis reprit Roger au téléphone.

« Tu ne connaîtrais pas un entrepôt pas trop cher dans le coin ? demanda-t-il.

– J'ai bien peur que non, répondit Roger sans détours. Tu as essayé de les appeler ?

– Rien de disponible à prix normal. Ils compatissent à la situation, tellement qu'ils ont doublé leurs prix. Je devrais m'estimer heureux qu'ils ne les aient pas triplés, ajouta Paul. Le plus proche que j'ai trouvé se trouve à Delray Beach.

– Ce qui t'obligerait à faire plus de 15 minutes de voiture pour récupérer ta marchandise ? Roger était surpris. Lentement, il dit : Quitte à ce que tu n'aies pas ta marchandise sous la main, pourquoi tu ne me la laisserais pas ici, à l'entrepôt ? J'ai des camions qui passent à Boca tous les jours. Sur le plan logistique, ça devrait pouvoir s'organiser.

– Waouh, merci ! dit Paul, soulagé. Tu me sauves la vie !

– Je crois que ça peut fonctionner, dit Roger. Il n'y a pas de raison de gâcher de l'argent pour du stockage, surtout si en plus tu dois prendre la voiture pour y aller. J'ai plein de place pour toi ici. Tu me dis ce dont tu as besoin, je te l'envoie.

– Tu veux dire… comme si c'était un retour ?

– Non, répondit Roger. J'ai tout une zone vide où je peux mettre ton stock. Je n'ai pas envie de me prendre la tête à changer le nom du titulaire, ni à faire de la paperasse à chaque fois que je t'envoie quelque chose. Cette marchandise reste à toi, simplement elle est sur mes rayonnages.

– Excellent ! Quand peux-tu m'envoyer ton camion pour prendre les cartons ? demanda Paul.

– À la fin de la journée, vers cinq heures. Assure-toi que tout est bien rangé, prêt à emporter. Mon chauffeur reviendra d'un long trajet, je ne veux pas l'épuiser au travail.

– C'est compris.

Paul annonça la bonne nouvelle à Ted. « Je me suis arrangé pour que le dépôt régional nous garde le stock. Le camion viendra prendre la marchandise vers cinq heures.

– Waouh ! Comment avez-vous obtenu ça ?

– On va dire que Roger est un véritable ami, répondit Paul. Allez, on y va.

– Compris. Je m'occupe de faire porter les cartons qu'on a rapportés de la réserve sur le quai de chargement. (Ted était réactif !)

– Non, Ted, pas tant que le stock qu'il nous faut n'est pas accessible facilement.

– Désolé, patron, mais je ne comprends plus.

– Ted, combien de fois par heure le personnel doit-il descendre à la réserve pour y chercher de la marchandise – au moins une ou deux fois, non ?

Ted hocha la tête.

– Si nous envoyons la totalité, on va avoir des problèmes. D'un autre côté, quelle proportion des marchandises qui se trouvent dans le magasin lui-même ne bouge pas pendant plusieurs mois ? demanda Paul à son chef de rayon. Pour résumer, quelle proportion de la marchandise qui se trouve à la réserve devrait se trouver dans le magasin, et vice versa ?

– Je ne sais pas, avoua Ted, mais ça doit faire pas mal. Je vois ce que vous voulez dire… C'est sûr qu'on pourrait être plus efficaces…

– À l'heure qu'il est, l'efficacité n'est pas mon problème, répondit Paul. Ce qui m'importe, c'est de ne pas renvoyer les choses dont on a besoin, mais d'en envoyer suffisamment pour qu'on puisse ouvrir le magasin. Dis aux responsables de départements de préparer une liste d'articles qu'on peut se permettre de renvoyer au dépôt régional, tout de suite. Il leur faut un peu de temps pour prendre des décisions sensées, et le camion de Roger sera là plus vite qu'on ne le croit… »

Le bureau directorial de la succursale Hannah's Shop de Boca Raton avait été meublé suivant les règles de la chaîne : un bureau marron clair de taille moyenne, derrière lequel était disposé un siège à haut dossier. D'un côté, un tableau blanc faisant face à une bibliothèque et sept chaises pliantes en métal à siège marron rembourré. Ces dernières étaient dépliées et accueillaient les six responsables de département ainsi que le chef de rayon.

Face à ses employés, Paul White était assis sur son siège à haut dossier, et son expression montrait clairement son mécontentement. Sur son bureau se trouvaient les listes des articles à renvoyer au dépôt régional. Et elles étaient ridiculement courtes. Paul estima que toutes les listes combinées représentaient moins d'un quart de l'inventaire établi à partir de la réserve.

« Non, ça ne va pas, dit-il, ravalant sa frustration. Manifestement, je n'ai pas été clair. Nous n'avons pas la place pour toute la marchandise. Ne conservez que ce qui vous est indispensable.

– Que voulez-vous que je fasse ?, répondit Isabella. Je ne peux pas permettre de travailler sans mon stock. Si je le renvoie, je vends quoi ?

– Isabella, répondit Paul sèchement, même si vous bourrez vos rayonnages et notre réserve, vous ne pourrez pas tout y caser.

– Je m'étais dit que je pourrai en garder une partie dans la kitchenette, et aussi un peu dans l'entrée, proposa-t-elle.

– J'ai besoin de l'entrée pour mes tapis, protesta Jaime de sa voix profonde et mélodieuse. C'est le seul endroit assez grand !

– Ah non, la kitchenette, c'était mon idée. Mike se leva et pointa son pouce vers sa poitrine. C'est moi qui y mettrai ma marchandise !

– DU CALME ! Paul éleva la voix. Assieds-toi, Mike. Personne n'utilisera la kitchenette, et nous ne stockerons rien dans l'entrée. Si nous faisions ça, il resterait tellement peu de place que vous ne pourriez même plus y accéder. »

Paul les regarda tous. Ils semblaient mécontents. Mais pourquoi s'entêtent-ils, pourquoi ne veulent-ils pas comprendre qu'il faut envoyer la marchandise au dépôt ? se demanda-t-il. Ils ne se rendent donc pas compte que nous n'avons pas le choix ? Cette réduction du stock sur place n'est pas une décision managériale arbitraire. Cette situation ne me plaît pas plus qu'à eux. Il contrôla sa colère et s'efforça de jeter une lumière plus légère sur la situation.

« Le dépôt a accepté de nous envoyer quotidiennement ce dont nous avons besoin. Je le répète : nous sommes en crise, et aussi longtemps que nous ne pourrons pas utiliser notre réserve, Roger, le directeur du dépôt régional, a généreusement proposé de nous faire des livraisons quotidiennes. C'est pourquoi nous ne devons garder que ce que nous comptons vendre tout de suite. Il est inutile de garder des tonnes de stock dans le magasin.

– Que voulez-vous dire par “ce que nous comptons vendre tout de suite” ? » demanda Fran d'un air suspicieux.

Paul dut réfléchir un instant avant de répondre : « Ce que nous demandons dans la journée, nous l'aurons le lendemain matin. Donc en fait, nous ne devons garder que ce que nous comptons vendre dans la journée. »

Mike leva la main. « Je n'ai aucune idée de ce que je vais vendre aujourd'hui.

– Aujourd'hui, on ne vendra rien, dit Ted, amer. Il se tourna vers Paul et poursuivit. Je peux faire une sortie papier des ventes moyennes de chaque référence. Mais je ne peux pas croire que ça corresponde à ce que vous voulez garder en stock ? »

Avant même que Paul ait pu répondre, Mike explosa : « Les moyennes n'ont pas de sens. Un jour on ne vend rien, le jour suivant on casse la baraque. Si je n'ai pas assez de marchandise, je ne pourrai rien vendre, même si c'est un bon jour. Si on s'en tient aux moyennes, les ventes chuteront à coup sûr. »

Les autres responsables lui firent écho. Maria, chargée du département salle de bains, s'écria : « La plupart des temps, je ne vends pas un seul exemplaire de ces draps de bain couleur chartreuse. Et pourtant une fois, j'en ai vendu quarante en une journée !

– Quarante ? demanda Paul, ébahi. Mais c'est beaucoup plus que la moyenne quotidienne. Et ça arrive souvent ? Combien de fois est-ce qu'on en vend vingt le même jour ?

– C'est arrivé une fois, il y a un an environ, mais ça pourrait se reproduire n'importe quand », dit-elle, sur la défensive. Maria avait beau être la plus petite de l'équipe, c'était elle qui parlait toujours le plus fort.

Paul était conscient que Maria n'exprimait pas simplement sa propre opinion ; elle disait tout haut ce que tout le monde ressentait tout bas, et ce sentiment, c'était la peur. Si les six responsables éprouvaient la même chose, il devait y avoir une bonne raison, se dit-il. Après tout, le fait de disposer de beaucoup moins de stock n'était pas une évidence. En y réfléchissant bien, quand avait-on pour la dernière fois renvoyé de la marchandise au dépôt, une marchandise dont on croyait avoir besoin ? Jamais. Tout le monde résiste au changement, se remémora-t-il. En plus, plus le changement est important, plus la résistance est grande. Et là, le changement n'était pas négligeable.

D'un ton uni, pour montrer qu'il comprenait, il dit : « On n'agit pas sur la base d'un événement unique. Ce serait comme si on devenait hystérique. »

Le débat se poursuivit longtemps. Pour finir, les responsables obtinrent de Paul un accord pour conserver, pour chaque référence, une quantité égale à vingt fois les ventes quotidiennes moyennes. Pour Paul, l'hystérie avait gagné, mais il ne se sentait plus la force de se battre. Il n'avait rien avalé depuis son réveil, et il en payait le prix.

Quand les responsables sortirent du bureau en file indienne, Ted resta. « Vous n'avez donc rien à faire ? » demanda Paul d'un ton cinglant. « Ils attendent que vous leur imprimiez leurs ventes quotidiennes moyennes.

– Tout de suite, patron. Mais j'ai une question : le dépôt régional nous envoie toujours des cartons complets, or vous parlez d'articles individuels. Est-ce qu'ils voudront faire ça ? Et est-ce qu'ils sauront le faire ?

Paul se souvint qu'il ne fallait pas sous-estimer son chef de rayon et dit : « Vous avez raison. Je n'y ai pas pensé Laissez-moi voir avec Roger comment on peut procéder. Pendant ce temps-là, sortez les listes. Il faut absolument que les cartons soient prêts quand le camion arrivera. »

Ted sortit du bureau. Paul prit une grande inspiration et rappela Roger.

« Excuse-moi de t'embêter, Roger. Je sais bien que tu fais l'impossible pour m'aider, et je te suis vraiment reconnaissant pour ta proposition. » Il s'éclaircit la gorge, gêné :

« Mais il y a un autre problème. Vu la situation, je ne peux plus réceptionner de cartons complets.

– Oui, je sais, j'y ai réfléchi, répondit Roger à son ami éberlué. Il est clair que si je t'envoie un carton complet à chaque fois que tu me demandes un article, il ne faudra pas longtemps pour que tu te retrouves avec tout ton stock sur les bras. J'en ai parlé à mon équipe. Pour nous, c'est un casse-tête, mais je crois qu'on a trouvé une solution. Nous t'enverrons des articles individuellement, à la demande.

– Roger, je te dois une fière chandelle.

– Plus qu'une, à mon avis, le rire grondant de Roger fit sourire Paul. Et pour commencer, c'est toi qui emmènes les filles au cours de danse ce dimanche et le suivant.

– Marché conclu ! »

Maria frappa à la porte de Paul :

« Entrez, entrez.

– Patron, on a commencé à faire ce que vous avez dit, dit-elle. Si on envoie au dépôt tout ce qui dépasse vingt jours de vente, ça veut dire qu'on leur envoie non seulement ce que nous avons en réserve, mais aussi une bonne partie de ce qui est en magasin. Je voulais être sûre que c'était bien ça l'idée, que nous n'avions pas mal compris.

– Je sais qu'une partie des marchandises en magasin devra partir. Paul aurait pu répondre plus gentiment.

– Patron, insista Maria, main sur les hanches. Il ne s'agit pas d'une partie des marchandises. En fait la moitié des rayonnages sera vide. »

Il fit les calculs dans sa tête. Le magasin contenait environ quatre mois d'inventaire, dont la moitié était stocké en bas, dans la réserve. Donc, en conservant seulement la valeur de vingt jours de vente, cela voulait dire qu'on gardait moins de la moitié de ce qui se trouvait dans le magasin. Maria avait raison, et les étagères vides étaient hors de question. Mais il s'était battu et avait maintenu que vingt jours était une idée de fou, il ne pouvait pas revenir en arrière. Dans tous les cas, jusqu'à ce que la réserve soit à nouveau en état de servir, Roger enverrait quotidiennement tout ce que Paul lui demandait. En fait il n'était même plus nécessaire de conserver un mois de stock !

« On s'en tient à ce qu'on a dit », dit-il fermement. « On a dit vingt jours, ce sera vingt jours. Vous vous débrouillerez pour disposer ce qui reste afin que les rayonnages n'aient pas l'air vide.

– Ok, c'est vous le patron. »

Quelques minutes après que Maria soit sortie, Paul l'entendit dire à Ted dans la kitchenette quelque chose qui ressemblait fort à « El jefe es loco[4] ». Ted essaya de la calmer, et Paul se prit à espérer qu'elle n'avait pas raison…

4. Le patron est cinglé.

# Chapitre 5

Une à une, les lumières qui éclairaient le grand bâtiment du centre de Miami où se trouvait le siège de Hannah's Shop s'éteignaient, comme si le bâtiment fermait les yeux à la tombée de la nuit. Au dernier étage, Caroline arpentait un couloir. Elle ressentait une sensation de vide et avait hâte de retrouver sa maison, son mari et ses enfants. Si son père faisait ce qu'il avait décidé et la nommait président, il faudrait bien qu'elle s'habitue à ce sentiment. Elle jeta un œil entre les deux battants de la porte du bureau de Henry, et le vit étudier un rapport relié en vert. Elle frappa doucement pour ne pas le surprendre.

« Papa, tu as une minute ?

– Non, mais je t'écoute, sourit l'homme sous son crâne dégarni. Il posa le rapport sur son grand bureau. Les rouges et les bruns qui décoraient son bureau lui allaient bien.

– Tu connais Leon's, demanda Caroline en s'asseyant sur une chaise d'acajou face à Henry. Leon's est un fabricant de linge de lit basé en Georgie.

– J'ai entendu dire qu'ils avaient des problèmes, rien de plus.

– J'ai parlé à Jason Hodge, le cadet de la famille, ajouta-t-elle. Apparemment lui et ses frères ont décidé de ne plus injecter d'argent dans l'entreprise.

– Quel dommage. Je les connais depuis des années. Le père n'aurait jamais laissé arriver une telle situation, paix à son âme, dit Henry avec un soupir. Leon Hodge avait succombé à une crise cardiaque deux ans auparavant. Tu sais, ma chérie, quand j'ai démarré, tout ce que j'achetais était fabriqué aux États-Unis. Maintenant, pratiquement plus rien ne l'est. Et voilà, un de moins…

– C'est un peu tôt pour les enterrer, objecta Caroline. Leon's est une bonne entreprise. Avec la qualité et le design de leurs produits, je suis sûre qu'ils vont trouver un repreneur. »

Henry agita la main. « De nos jours, qui achèterait un puits sans fond…

– Pourquoi pas nous ? »

Henry cligna des yeux. « Qu'est-ce que tu veux dire ? Allez, parle, fillette. »

Caroline sourit. Depuis qu'elle était toute petite, son père l'appelait « fillette » quand elle le surprenait positivement. Elle se plaça près de son père et ses doigts se mirent à danser sur le clavier :

« Voilà le bilan de Leon's sur les cinq dernières années.

– Je vois que tu as fait tes devoirs. Apparemment, Henry était satisfait. Où as-tu eu ces informations ?

– C'est Jason », répondit Caroline, concise.

Elle se rassit en attendant que son père ait fini de lire les documents. Ses yeux scrutèrent l'écran, et quand il releva la tête, il demanda :

« Pourquoi les ventes se sont-elles tellement détériorées, et en si peu de temps ?

– Je connais les frères Hodge depuis que je suis petite. Ils ne se sont jamais entendus. J'ai un peu travaillé avec eux l'année dernière, et je sais que ça n'a pas changé. Depuis la mort du père, ils passent plus de temps en conflits de pouvoir à savoir qui est responsable de quoi, qu'à s'occuper de l'entreprise. Quand je demande un devis, tu ne le croiras pas, mais il doit être approuvé par les trois frères. La moindre chose prend un temps fou, cela devient quasi impossible de travailler avec eux. »

Cette situation était le pire cauchemar du créateur d'entreprise, se dit Henry. Que vos propres enfants réduisent à néant tout ce que vous avez construit, quelle tragédie ! Au moins, avec Caroline, il n'avait rien à craindre à cet égard. Il secoua la tête en écoutant sa fille :

« Papa, je pense que nous avons là une formidable opportunité. À mon sens, il serait facile de transformer Leon's en un rien de temps et de le rendre rentable pour nous.

– Et comment cela ? » Henry l'encouragea à poursuivre.

Caroline s'était préparée. Elle répondit, confiante : « Aujourd'hui, nous sommes leur plus gros client, avec 40 % de leur chiffre. Mais pour nous, ils restent un petit fournisseur. Moins de 6 % de notre linge de lit provient de chez eux. Si nous doublons nos achats chez eux, même si je baisse le prix d'achat de 5 %, ça les sort du rouge. Ouvre l'autre document, j'ai fait les calculs.

– Inutile. Henry leva la main de la souris et tourna l'écran. Avec 40 % de marge brute, il est évident qu'une telle augmentation des ventes résoudra leur problème financier. Mais fillette, que fais-tu de notre règle d'or : contente-toi de ce que tu sais faire ? Nous vendons des produits textiles, nous ne les fabriquons pas. Nous n'y connaissons rien à la conception : ça n'est pas simple de créer des produits… Sans parler des processus de fabrication…

– Nous n'y connaissons rien, mais Jason s'y connaît, lui, répondit Caroline avec fermeté. Il a grandi dans le métier, et son père l'a bien formé.

– J'en suis certain. Donc tu lui en as parlé et… son père leva un sourcil.

– Il est partant, pas seulement partant mais enthousiaste, à l'idée de prendre la présidence de Leon's. À condition, bien sûr, que ses frères dégagent. À mon avis, pour un salaire raisonnable et des primes modérées, on devrait pouvoir lui faire signer un contrat de 5 ans.

– Bien, de ce côté, tu t'es bien préparée ! Mais qu'est-ce qui te fait croire que, dans les conditions actuelles, nous sommes capables de vendre deux fois plus ? Je détesterais me retrouver avec du surplus que nous serions obligés de solder. »

Caroline fit une pause et dit : « Si j'étais absolument sûre que ça ne pose aucun problème, j'aurais doublé les quantités depuis longtemps. C'est là que j'ai besoin de toi, Papa. Il va falloir que tu m'aides à convaincre Christopher d'accorder davantage de place à ces produits dans le magasin, et de les mettre en valeur.

– Hmmm… Et qui supervisera cette entreprise ? De qui dépendra Jason ? Ils sont beaucoup trop petits pour dépendre directement du président

– Je n'y ai pas réfléchi, avoua Caroline. Jason pourrait dépendre du vice-président exécutif des achats ou des opérations. Je suis prête à m'en charger.

– Es-tu sûre que cela ne va pas te détourner de tes priorités ? Ne réponds pas trop vite. Tiens compte du fait que tu devras connaître l'entreprise dans ses moindres ressorts. Ce sera toi qui devras te battre quand il faudra des investissements supplémentaires. Ce sera toi qui devras t'assurer qu'ils ont la bonne stratégie de croissance. Caroline, es-tu sûre qu'il faille consacrer tant de temps à quelque chose qui représente environ 10 % d'une seule famille de produits, alors qu'il y en a tant d'autres ? Souviens-toi que pour Leon's, nous ne serons pas le seul client.

– Et pourquoi pas ? répliqua sa fille sur un ton agressif. Tu ne penses pas qu'il serait temps qu'Hannah's Shop ait ses propres marques ? Beaucoup de chaînes ont leurs propres produits, sur lesquels ils font des marges plus importantes. J'ai vérifié, tu sais. Certaines chaînes ont perdu de l'argent dans ces entreprises, mais dans la plupart des cas cela s'est soldé par une croissance de la rentabilité. Tu ne crois pas qu'avec la concurrence qui fait rage, nous devrions explorer cette voie ? »

Le président de la plus grosse chaîne de textile du sud-est se pencha en arrière, réfléchit et croisa ses mains derrière la tête. Cette absence de réaction incita Caroline à affirmer : « Je suis sûre que nous devons saisir cette opportunité et racheter Leon's tout de suite. »

Henry connaissait bien le tempérament de sa fille. Il savait que face à elle, la meilleure attitude était la patience et le flegme. En tant que futur président de l'entreprise, il lui restait un certain nombre de choses à assimiler et à digérer. Au bout d'un moment, il lui répondit calmement :

« Caroline, écoute-moi bien. Je crois que tu as le mordant d'une femme d'affaires. Tu sais aussi préparer tes dossiers et les argumenter efficacement. Tu viens de me le démontrer… tu m'as convaincu qu'il était temps de réexaminer notre politique de marques. Et je conviens que Leon's est une bonne entreprise, avec les bons produits, et que nous pourrions facilement le transformer en une unité profitable. Mais…

– Mais tu as décidé de ne pas l'acheter, Caroline termina la phrase de son père.

– Exactement. »

Tout son travail balayé par un mot ! Elle eut l'impression que le nuage sur lequel elle était assise se dégonflait comme un ballon. .« Je ne suis pas surprise », dit-elle d'un ton dépité.

Henry savait qu'il ne pouvait pas conclure la conversation ainsi. Doucement, il demanda : « Tu t'attendais à ce que je refuse ?

– Franchement, je m'attendais à davantage d'ouverture, reconnut Caroline. Mais je savais que mon idée se démarquait nettement de ton mode de management, c'est pourquoi je ne suis pas vraiment surprise. »

Henry sourit largement et dit :

« Cela me rappelle mes disputes avec ma mère. Quand j'avais ton âge j'étais certain qu'elle était la personne la plus conservatrice que j'aie jamais connue. J'ai dû me battre pour faire passer des changements dans la boutique.

– Alors maintenant, c'est mon tour de me battre ? dit Caroline avec un sourire las.

– Non. Maintenant c'est ton tour d'apprendre ce que ta grand-mère m'a enseigné. Et j'espère que tu iras plus vite que moi.

– Apprendre quoi ?

– Tu pars du principe que les gens résistent au changement. Que cela fait partie intégrante de la nature humaine. Tu le penses vraiment ?

– Oui. Elle s'expliqua : Tu vois bien qu'il est très difficile de changer quoi que ce soit ici. Chaque fois que j'ai une idée, tout le monde trouve des objections. J'ai l'impression de repousser des murs de béton.

– Donc tu es persuadée que les gens résistent au changement. À tous les changements ? Même ceux qui sont parfaitement logiques ? »

Caroline regarda son père droit dans les yeux :

« Je viens de te présenter mon idée. J'ai fait tout le travail de préparation. Tu reconnais toi-même que c'est tout à fait sensé. Et pourtant, tu t'y opposes. En fait, en dix minutes montre en main, tu as décidé de flinguer mon idée.

– Et tu en conclus que je résiste au changement.

– Bien sûr, quelle autre explication ? »

Henry décida de ne pas lui répondre directement. Il s'appuya au dossier et se mit à jouer avec son stylo. Il dit : « Je dirige cette entreprise depuis plus longtemps que je ne veux y penser. C'est ma vie. Pour moi, il n'y a pas de plus grand changement que de lever le pied. Personne ne m'y oblige. Tu penses vraiment que cela dénote quelqu'un qui résiste au changement ? »

Elle ne répondit pas, alors il poursuivit. « Caroline, quand tu as décidé de te marier et d'avoir des enfants, tu savais très bien que cela changerait toute ta vie. Et pourtant, comme tout le monde, tu as assumé ces changements. Est-ce que cela dénote quelqu'un qui résiste au changement ? Ma chérie, quand les gens n'acceptent pas les changements qu'on leur suggère, ce n'est pas parce qu'ils sont programmés pour résister au changement.

– Alors pourquoi résistent-ils ? Pourquoi t'opposes-tu à ma suggestion ?

– Les gens portent un jugement sur les changements qu'on leur propose. Ils jugent les bénéfices, évaluent les risques. S'ils en concluent que le changement vaut la peine, ils l'acceptent. Sinon, ils résistent. N'oublie jamais que la perception du risque constitue un facteur dominant quand il s'agit de juger si un changement est bon ou mauvais. Les gens résistent aux changements que tu leur suggères non pas parce qu'ils résistent au changement, mais parce qu'à chaque suggestion, ils réfléchissent. Lorsqu'ils jugent que la suggestion n'est pas assez bénéfique, ou qu'elle implique trop de risques, ils résistent.

– Peut-être. »

Henry reprit d'un ton ferme : « Non, pas peut-être ! C'est important, ce que je te dis là. Si tu le comprends, tu sauras écouter leurs arguments et alors tu auras une chance de les faire changer d'avis. Si tu t'en tiens à ta croyance qu'ils sont programmés pour résister, tu seras un mauvais manager car tu n'auras plus qu'une alternative : laisser tomber ou passer en force. »

Caroline réfléchit un moment et demanda : « Pourquoi penses-tu que mon idée de racheter Leon's n'est pas bonne ?

– Pense à ce que nous venons de dire. Acheter Leon's n'a de sens que si cela s'inscrit dans une stratégie plus large, celle qui consiste à développer nos propres marques. Mais cette stratégie exige que nous répondions à un certain nombre de questions importantes. Tout d'abord, nous devons nous assurer que cela ne va pas provoquer une confusion dans les équipes, confusion qui se transformera peut-être en conflits gourmands en temps et en attention. Nous devons donc élaborer les modalités qui guideront la séparation et la différence d'exposition entre les produits marques et les autres. Et nous devons aussi concevoir notre structure, ce qui n'est pas une question triviale, comme tu l'auras sûrement remarqué.

– Ça ne devrait pas nous prendre trop de temps », répondit Caroline. Si telle était la base du refus de son père, peut-être pourrait-elle le faire changer d'avis.

Henry ignora sa remarque et poursuivit. « Si nous voulons des produits de marque, nous avons plusieurs options. Pour éviter les erreurs et l'à-peu-près, nous devons élaborer nos critères d'acquisition : sous quelles conditions devons-nous acheter ou non l'entreprise fabricante ; dans quelles circonstances devons-nous nous contenter de fournir le design en sous-traitant la production, quand devrions-nous signer pour des produits exclusifs qui porteront notre marque ? »

La sagesse de Henry commençait à s'insuffler dans l'esprit de Caroline. Il inspira profondément et reprit. « Et nous devons aussi statuer sur le taux d'implémentation et prévoir un plan d'investissement détaillé, c'est très important.

Lorsqu'on a une décision à prendre, il faut être prudent à tous égards : cela conditionne le succès ou l'échec. Il faut du temps pour réfléchir si l'on veut prendre une décision prudente. Caroline, il m'a fallu du temps et des efforts pour comprendre que je n'étais pas John Wayne. Quand je tire de la hanche, en général, je me mets une balle dans le pied. »

Caroline percevait bien la valeur de ces mots. Et pourtant, elle ne put s'empêcher de répondre : « Mais si on prend tout ce temps, alors Leon's sera vendu. Nous perdrons une opportunité en or, et c'est rare de nos jours. On pourrait commencer par acheter, puis faire tout notre travail de planification ? Une telle expérience nous en apprendra beaucoup !

– Caroline, je t'en prie, écoute-moi. Henry attendit que sa fille le regarde dans les yeux avant de poursuivre. Pour un président, une des règles les plus importantes est de ne jamais s'embarquer dans une nouvelle direction stratégique suite à une opportunité spécifique, même si elle est unique et prometteuse. Les opportunités, ça va et ça vient. Si on laisse les opportunités guider la stratégie, on peut être sûr de se retrouver avec une stratégie en zig-zag. Et tu peux être sûre que tôt ou tard, le zig-zag terminera dans le mur, et l'entreprise avec. » Henry se pencha en avant et tapota gentiment la main de Caroline. « Voilà la leçon la plus importante que je puisse t'offrir. Tu dois apprendre à contrôler tes instincts. Ne te laisse pas distraire par des opportunités en or ; trop souvent elles se transforment en pièges dorés. »

Plongée dans ses pensées, Caroline se leva. « J'ai passé des années aux achats : cela m'a conditionnée à saisir les opportunités. C'est ce que je fais toute la journée, tous les jours que Dieu fait. C'est pour cela que je suis bonne à ce poste. C'est ce que je suis, voilà tout. Je ne suis pas sûre d'être capable d'un changement aussi radical. Papa, tu viens de me persuader que je n'étais tout simplement pas faite pour prendre ton siège. »

# Chapitre 6

« Paul, on a un problème. Ton magasin va me rendre fou. »

L'appel de Roger était arrivé quatre jours après le sinistre et Paul, téléphone en main, sentit ses peurs de matérialiser.

« J'en étais sûr », dit-il. « Ouvrir les cartons, sortir les articles un par un, ça ne peut pas marcher. »

– Non, ça n'est pas ça » répondit Roger. « C'est les appels téléphoniques incessants. Je m'occupe d'un entrepôt, pas d'un fast-food. J'ai besoin de mes équipes, et là elles passent leur temps à prendre des commandes de tes collaborateurs, toutes les vingt minutes. »

Paul réfléchit. Si les six responsables de département appelaient chacun au moins une fois toutes les deux heures, pas étonnant que l'entrepôt soit en révolution ! « Je suis désolé », s'excusa-t-il. « Je vais m'assurer que chaque responsable soumette sa liste à l'entrepôt une seule fois par jour.

– Non Paul, il nous faut une liste, une seule. Je prépare ta livraison une fois par jour, à la fin de la journée, expliqua Roger. Il était intimement persuadé que toute complication, même petite, aboutissait fatalement à des ennuis. Le plus simple serait que tu m'envoies une liste compilée par mail à la fin de la journée.

– C'est d'accord, Roger. Merci encore pour tout.

– Attends, on a oublié quelque chose, dit le responsable du dépôt. Tu te rappelles quand j'ai repris la nouvelle collection ? Je sais bien que tu n'as pas la place de tout reprendre, mais je suis sûr que tu as besoin de cette marchandise. Je t'en envoie combien ?

– Tu peux me préparer l'équivalent de 20 jours de vente pour chaque référence ?

– Comment veux-tu que je sache ce que ça représente ? Roger se mit à rire. Comme tous les responsables de magasins, se dit-il, Paul voit les choses de son point de vue. Il va falloir que tu te montres un peu plus précis ! »

Paul réalisa que Roger n'avait aucun moyen de connaître ses ventes quotidiennes. Il fit un rapide calcul. « Envoie-moi un dixième de la commande d'origine.

– No problemo, mon ami !

– Merci Roger. Et merci de m'y avoir fait penser ! »

Paul était assis dans son bureau, il vérifiait les listes de ses responsables de département avant de les envoyer à Roger. Et il n'y comprenait rien. À l'évidence, il n'y avait aucune corrélation entre les quantités nécessaires dans l'immédiat et ce que les responsables avaient demandé. S'il les validait, le magasin ne tarderait pas à être encombré de cartons. Il convoqua ses responsables.

« J'ai jeté un œil à vos listes, et j'aimerais que vous m'expliquiez comment vous les avez faites. » Il se tourna vers le responsable du linge de cuisine. « On commence par vous, Mike. Les quantités commandées vont amener votre stock bien au-delà des vingt jours !

– Oui, mais il y a des articles que je n'ai pas commandés. Au final, ça rééquilibre, expliqua Mike.

– Ça ne m'explique pas comment vous avez fait vos choix, pourquoi ces articles, pourquoi ces quantités, nota Paul.

– Eh bien j'ai regardé les rayonnages, et j'ai eu l'impression qu'il me restait pas mal de place, alors j'ai commandé pour remplir les vides, répondit-il en toute franchise.

– Oh, je vois, répondit Paul. Légèrement agacé, il se dirigea vers la femme à lunettes qui était assise près de Mike. Janine, cela fait vraiment beaucoup de nappes, dit-il. Elle avait commandé 20 exemplaires de chaque couleur d'un modèle, en dépit du fait que la plupart des couleurs se vendaient au rythme d'une par jour.

– Aujourd'hui, c'était la folie pour les rouges, et je voulais m'assurer qu'il ne m'en manquerait pas demain, dit-elle.

– Content de voir que le rouge marche bien. Mais les autres couleurs ?

– J'en ai vendu trois bleues et deux vertes, répondit-elle. Même chose, je ne voudrais pas en manquer.

– Mais il vous reste environ 20 exemplaires de chaque couleur. Pourquoi en avoir commandé autant ? Où est la logique ? »

Il n'écouta même pas sa réponse, agita la main et se tourna vers Fran, dont la liste était de loin la plus courte. De plus, elle n'avait pas arrondi au chiffre supérieur. Trois exemplaires d'un article, six d'un autre. « Comment êtes-vous arrivée à ces chiffres ? »

– J'ai compté combien il m'en restait, et j'ai soustrait le résultat des chiffres sur 20 jours.

– Fran, vous êtes un ange d'ordre dans ce chaos, complimenta Paul. Voilà comment il faut travailler. Je veux que tout le monde procède de la même manière.

– Paul, vous ne me demandez pas de le refaire tous les jours, protesta Fran, visiblement alarmée. Cela m'a pris presque deux heures ! Et pendant ce temps-là, je ne m'occupais pas des clients !

– Est-ce que ça veut dire qu'il faut un inventaire complet ? demanda Javier. Ça va prendre des heures !

– Vous payez les heures supplémentaires ? intervint Maria.

– Désolé d'intervenir patron, dit Ted, mais un inventaire quotidien, cela prend trop de temps. Il n'aurait pas un autre moyen ?

– Vous avez raison, Ted. Il doit bien avoir une meilleure solution, dit Paul. Il réfléchit à ce qu'avait fait Fran. Comment avait-elle obtenu cette liste ? Elle avait commencé par prendre l'objectif à vingt jours, puis avait compté tout son stock à la fin de la journée, et soustrait l'un de l'autre.

Paul éclata de rire, à la grande surprise de l'équipe, quand il comprit que Fran avait trouvé une façon tordue de reconstituer les quantités vendues pendant la journée, une information accessible en appuyant sur un bouton.

« Désolé, s'excusa-t-il. La journée a été longue, et Fran vient de m'aider à comprendre ce qu'il nous faut. Il nous faut les ventes quotidiennes, c'est-à-dire la marchandise qui est sortie du magasin : voilà ce que le dépôt régional devra nous envoyer. Ça n'est même plus la peine de faire des listes L'ordinateur dressera la liste des articles vendus au jour le jour. Vous pouvez retourner travailler, merci d'être venus. »

Alors que les autres responsables se levaient pour regagner leur poste, Maria resta assise. Elle n'avait pas l'air satisfait du résultat.

« Et la marchandise qu'on n'a plus et qu'un client nous demande ? » demanda-t-elle. « Il y a moins d'une demi-heure, quelqu'un m'a demandé des peignoirs que nous n'avions plus depuis un moment, et elle est ressortie sans rien acheter. »

Il faut toujours qu'elle ait le dernier mot, se dit Paul. Mais au lieu de lui faire remarquer, il dit : « Bien vu, Maria. Il faut que chaque responsable fasse une liste de ces articles et qu'on les ajoute à la commande qui s'en va au dépôt régional. Nous commanderons la quantité nécessaire pour vingt jours. Ça vous va ? »

Il savait que ces articles ne seraient pas livrés. Le magasin avait des commandes en cours pour chacune des références en question. Et si le magasin en manquait, c'était tout simplement parce que le dépôt régional n'en avait pas non plus. Mais à quoi bon discuter ?

« Ça me va, patron », sourit Maria, et cela allégea l'atmosphère dans le bureau de Paul.

Paul était satisfait : cette fois, Maria ne le traiterait pas de *loco*.

# Chapitre 7

La télévision était allumée au salon. Paul partageait son attention entre le grand écran et la rubrique « Sports » du *Miami Herald*. Il avait posé ses pieds sur la banquette au tissu passé et le reste de son corps sur le confortable canapé pour deux que Caroline avait choisi pour leur dernier anniversaire de mariage. Il but sa dernière goutte de bière et se préparait à aller en chercher une autre quand Caroline descendit. Elle venait de border Lisa. Elle s'assit près de Paul et l'attira par le col pour l'embrasser.

« Je suis épuisée, Caroline leva les pieds pour solliciter un massage, mais contente de ma journée. »

– Les gamins t'en ont donné pour ton argent ?

– On s'est bien amusés, dit-elle en souriant. Nous sommes allés patiner et après nous sommes allés voir un film de superhéros.

– Ça m'a l'air super, dit Paul. En général, c'était lui qui organisait ces journées-là, mais quand Caroline pouvait s'arranger entre deux voyages à l'étranger, elle ne s'en privait pas.

– Tu sais, dit-elle, sur le chemin du retour, les enfants ont eu une grande discussion sur le siège arrière. Ils parlaient de ce que ce serait quand je serai président. »

Paul replia le journal sur ses genoux, puis se mit à masser les pieds de sa femme. « Je suis certain que Lisa était tout excitée, elle est complètement féministe en ce moment.

– Eh bien en fait, elle a émis des réserves, raconta Caroline. Ben, lui, était fou de joie. Il a dit que je voyagerais moins. Ca m'a vraiment touchée…

– Et Lisa, qu'avait-elle à répondre ? demanda Paul.

– Tu veux dire, à part l'appeler tête de lard ? répondit Caroline en riant. Oui, elle avait des arguments. Elle a répondu que je deviendrais exactement comme Grand-Père. À la maison, mais toujours en train de travailler dans son bureau.

– Elle est maline. Et qui a gagné ?

– Oh, j'ai coupé court, répondit Caroline. Je leur ai rappelé que ce n'était pas la première fois que Grand-père parlait de retraite. En plus, je ne suis pas du tout sûre d'avoir envie d'être président. »

Ce n'était pas la première fois que Paul entendait cette affirmation.

« Chérie, dit-il, je sais que tu aimes beaucoup ton travail, je sais qu'il t'apporte beaucoup de satisfactions, mais nous savions tous qu'un jour tu quitterais les achats pour prendre la place de Henry.

– Je ne m'en rendais pas compte. Voyant l'air incrédule de son mari, elle ajouta : Je n'ai jamais pris au sérieux ses idées de retraite, pas avant 80 ans au moins. Hannah's Shop, c'est toute sa vie, et ça l'a toujours été. Je pensais qu'il me restait un peu de temps.

– Nous le croyions tous, répondit Paul tout en repensant à ses propres prédictions. Mais maintenant qu'il est sérieux, ça fait quelle différence ? Tu feras un formidable président. » Quels que soient les problèmes à venir une fois la chose faite, Paul ne pouvait pas décourager sa femme d'assumer la présidence. Contrairement à sa propre promotion, celle de Caroline serait vraiment méritée.

« Je n'en suis pas aussi sûre que toi, répliqua-t-elle. J'ai peur d'être tout à fait capable de ruiner l'entreprise.

– Mais qu'est-ce que tu racontes ? Involontairement, il arrêta son massage et regarda sa femme, abasourdi.

– Toute ma vie, j'ai regardé mon père diriger l'affaire. Caroline ramena ses genoux sous son menton, comme pour se protéger. Je sais que ne suis pas capable de faire ce qu'il fait. Je connais les achats, je vis les achats, je respire les achats, mais ça ne suffit certainement pas pour diriger une entreprise de cette taille. Mon père s'implique dans tout : il dirige le marketing, la logistique, le personnel, l'immobilier, et même l'aménagement des magasins. Et plus important encore, il sait quand mettre la pression et quand la relâcher. »

Paul était surpris de voir combien Caroline s'estimait peu, et il se rapprocha d'elle sur le canapé blanc. « Allons, Cara. Nous savons tous que ce ne sera pas un problème pour toi de maîtriser tous ces domaines.

– Non, ce n'est pas une question de maîtrise, dit-elle doucement. Le problème est de tout assembler. Ce que je fais le mieux, c'est trouver des opportunités et les transformer rapidement en bons contrats. C'est cela mon savoir faire, mon talent, la raison pour laquelle je suis bonne dans les achats. Mais pour être président, il faut une vision globale du système. C'est toute la différence entre un stratège et un tacticien : je suis une tacticienne. Il y a quelques jours, j'en ai eu un bon exemple ; mon père m'a montré la différence entre nous deux.

– Ton père n'a pas démarré comme président d'une grande chaîne, il a fallu qu'il s'y hisse, dit Paul. Avec le temps, tu feras mieux que lui.

– Il pouvait se permettre d'apprendre en même temps que l'entreprise grandissait, répliqua Caroline. Aujourd'hui, la concurrence est tellement féroce, et notre avantage est si petit qu'une seule de mes erreurs suffirait à déclencher le mouvement inverse, et je ne saurai pas renverser la vapeur. Et pour couronner le tout, cela briserait le cœur de mon père. Il s'est donné tant de mal pour transformer la petite boutique de Nana entre une grosse entreprise. Je ne peux pas me faire à l'idée que je pourrais détruire le travail de toute une vie. Je crains de devenir sa plus grosse déception, et cela me terrifie. » À ces mots, elle détourna la tête et regarda les grands arbres par la baie vitrée.

Depuis quelque temps déjà, Paul cherchait le bon moment pour parler à sa femme de son dilemme. Voyant sa détresse, il décida de ne pas lui décrire son déchirement entre intégrité et engagements, entre le fait de refuser une injuste promotion et être là pour les enfants. S'il l'avait fait, elle aurait utilisé ses problèmes comme un écran pour ses propres peurs, comme une excuse pour refuser le poste qu'elle méritait et qui lui conviendrait. Il ne pourrait pas faire face à la culpabilité si elle laissait passer la présidence à cause de lui.

Paul posa la main sur son bras et demanda : « Il n'y a pas d'autre solution ?

– Tu veux dire, faire entrer quelqu'un d'étranger à la famille ? Jamais il ne le fera. Caroline repoussa sa propre idée d'un haussement d'épaules. Et même s'il le faisait, je ne suis pas sûre de le vouloir. Aujourd'hui, j'occupe une position unique, et si mon père engageait un étranger, mon influence sur la direction de l'entreprise serait compromise. Tu te rappelles ce qui est arrivé quand j'ai voulu créer le rayon tapis et moquettes ? J'ai apporté l'idée à Christopher, qui est sans doute la seule personne en dehors de la famille à qui mon père confierait son entreprise. Il n'a pas voulu en entendre parler. Mais quand j'en ai parlé à

Papa, il a bien vu le potentiel, et il en a fait le département autonome qui existe aujourd'hui. J'adore Christopher, mais je ne pourrais pas travailler sous ses ordres ; il ne veut aucune nouveauté, il étouffe toute initiative. Pour lui, si ce n'est pas cassé, on ne répare pas.

– Mais tu parles de Christopher, Cara, ça n'est qu'un cas particulier. Il y a d'autres possibilités, implora Paul. Peut-être qu'un autre homme serait ouvert aux idées nouvelles.

– Oui, mais ce cas particulier est révélateur. Ses paupières battirent sur ses yeux sombres. Le nouveau président ne sera pas mon père. Personne d'autre ne me fera une telle confiance. Les choses changeront, et on me coupera les ailes.

– Alors, qu'est-ce que tu vas faire ?

– Il ne me reste qu'une option, et c'est Darren, dit Caroline. C'est lui, et pas moi, qui a cette vision des affaires et de la stratégie. C'est pour cela que depuis tant d'années Papa voulait que Darren reprenne l'affaire. S'il se pointait demain, prêt à revenir dans l'entreprise, Papa pardonnerait tout, oublierait leurs disputes. Il lui donnerait la présidence immédiatement. Et si Darren était président, je pourrais facilement obtenir ce que je veux. Peut-être pas si facilement… mais au moins je suis *sûre* que je pourrais travailler avec lui. »

Paul se pencha et caressa doucement les cheveux sombres de sa femme. Il savait que le retour de Darren résoudrait tous les problèmes. Sa tentative pour le convaincre de revenir à Miami n'avait pas été très glorieuse, mais Darren ferait bien de se méfier ; c'est une chose d'envoyer bouler un beau-frère, c'en est une autre de tenir le coup face à sa petite sœur. Au lieu de travailler avec lui, Caroline le ferait travailler !

Il l'embrassa tendrement, et elle posa sa tête sur son épaule, appréciant son soutien. Elle se laissa aller dans ses bras et oublia un instant ses dilemmes.

# Chapitre 8

Paul sortit du monte-charge au sous-sol du magasin. Presque quatre semaines s'étaient écoulées depuis ce terrible matin, et il eut le plaisir de découvrir qu'il n'y avait plus de fuites dans les entrées. Raul venait de l'informer qu'il avait trouvé les derniers joints manquants, et que les travaux se termineraient plus tôt que prévu. Paul s'était donc précipité au sous-sol pour savoir quand il pourrait rapporter sa marchandise.

Il entra dans la réserve, vit que les nouveaux tuyaux du plafond étaient intacts, mais pas encore plâtrés. Il entendit des bruits de travaux dans la réserve voisine et y pointa son nez.

« Ça va bien ou ça va bien ? Al, l'entrepreneur en plomberie, était tout sourire.

– Vous êtes formidable, vraiment formidable, répondit Paul. Il tapota l'épaule de Al, qui était un peu plus petit que lui. Vous avez une idée de quand je pourrai commencer à stocker ?

– Encore une semaine, tout au plus, répondit Al. Il faut qu'on fasse des essais demain matin à la première heure. Je dois vérifier l'étanchéité avant qu'on puisse poser le plâtre. Demain après-midi, j'en saurai plus. »

Paul le remercia chaleureusement. Il était soulagé à l'idée que bientôt, les choses reviendraient à la normale.

« Papa, Rachel organise une fête d'anniversaire ce week-end, et on doit dormir chez elle. » Lisa boucla sa ceinture de sécurité et ajouta : « Je peux y aller ? »

– Il faut que j'en parle à ta mère, mais à mon avis ça ne pose pas de problème.

Comme tous les mercredis, Paul était passé chercher sa fille en rentrant chez lui. Elle avait commencé à énumérer la liste de tous les invités quand le téléphone sonna.

« Chérie, il faut que je réponde », dit Paul. « Allô, Paul White à l'appareil.

– Salut Paul, c'est Bob, département financier. On s'est rencontrés au pique-nique d'entreprise, vous vous souvenez ?

– Oui, bien sûr. Paul avait le vague souvenir d'un homme joufflu à lunettes d'écaille, transpirant à grosses gouttes. Bob, vous êtes sur le haut-parleur, j'ai ma fille avec moi dans la voiture.

– Pas de problème, Paul, je suis sûr qu'elle sera ravie d'apprendre que vous avez obtenu la première place ce mois-ci, dit Bob. Je voulais vous annoncer la bonne nouvelle. Félicitations !

– Excellent ! Paul avait du mal à cacher son incrédulité. Merci pour l'info. Je suis sûr que toute l'équipe du magasin sera ravie quand je leur annoncerai demain matin.

– De rien Paul, répondit le financier. Mon bon souvenir à Caroline. »

Paul mit fin à la conversation courtoisement. Ce n'était pas la première fois qu'on s'imaginait pouvoir gagner des points en léchant les bottes du gendre du patron…

« Super, Papa », dit Lisa. « Tu es numéro un ! Tu auras un prix ? »

– Oui, un gros bisou de ma fille, dit Paul en riant. Mais ne t'excite pas trop, c'est sans doute une affaire de réajustements. Même si les ventes du magasin s'étaient améliorées récemment, il savait que cela ne suffisait pas à l'amener au premier rang.

– De réajustements ? demanda Lisa du haut de ses neuf ans. Qu'est-ce que ça veut dire ?

– C'est quand les financiers changent la valeur des parts de l'entreprise, sans achats ni ventes », expliqua Paul. Il vit l'expression troublée de sa fille dans le rétroviseur, et fit une deuxième tentative. Incapable de trouver un exemple qui puisse illustrer son propos, il en trouva un qui au moins pourrait clarifier le concept. « Par exemple, si les prix de l'immobilier grimpent dans une région donnée, alors la valeur des immeubles de l'entreprise grimpe aussi. Et les financiers comptabilisent cela comme un profit, même si on n'a pas fait rentrer d'argent. »

Très déçue, Lisa dit : « Alors ça n'est pas pour de vrai ?

– Non, ma chérie. Les chiffres reprendront probablement leur vraie place le mois prochain. Il avait beau être content d'apprendre qu'il était le premier en théorie, Paul n'était pas satisfait.

– Papa, ça ne fait rien, tu auras ton bisou quand même, dit Lisa, reprenant du poil de la bête. Surtout si j'ai le droit d'aller à la fête de Rachel ! »

« Maman, tu savais ça : à cause des réajustements, tu peux te retrouver premier, mais pour de faux ! »

Paul et Lisa entraient par la porte principale au moment où Caroline descendait à leur rencontre dans le hall d'entrée. Elle portait sa robe du soir préférée, pratiquement prête pour se rendre à la soirée de collecte de fonds. Comme elle n'avait aucune idée de ce à quoi faisait allusion sa fille, Caroline regarda Paul, qui se hâta d'éloigner sa fille dans le salon.

« Allez, file te rendre utile, suggéra-t-il, regarde la télé, par exemple.

– Tu veux bien m'expliquer ? Caroline, bien sûr, était curieuse.

– Bob, de la finance, m'a appelé. Paul posa son attaché-case et desserra sa cravate. Il m'a dit que le magasin était premier de la région ce mois-ci, alors j'ai expliqué à Lisa que c'était à cause des réajustements, pas des vrais chiffres.

– Des réajustements ? Je me demande quel genre de réajustement a pu propulser ton magasin à la première place ? demanda Caroline en ouvrant la marche vers le premier étage. En plus, ça n'a aucun sens. Si c'était les réajustements, le financier ne t'aurait pas appelé. Jamais ils ne te féliciteront pour quelque chose dans laquelle tu n'es pour rien.

– C'est peut-être exactement le contraire. Peut-être que ce Bob voulait que je sache que je lui devais mon bon classement. Chérie, je prends une douche vite fait, j'en ai pour une minute. Paul entra dans la grande salle de bains attenante à la chambre de maître.

– Plus j'y pense, dit Caroline en lui emboîtant le pas, plus je suis sûre que le financier n'a rien à voir avec ton classement. Le classement interne est tellement sensible qu'ils savent bien qu'on ne joue pas avec ça. Chéri, à mon avis, c'est pour de vrai. Il doit y avoir quelque chose qui a boosté les performances du magasin.

– Tu as peut-être raison, concéda Paul en fourrant ses vêtements de la journée dans le panier à linge. J'ai bien vendu ce mois-ci, c'est vrai. Mais je n'y suis pas pour grand-chose. Tu sais bien, les ventes, ça va, ça vient, souvent sans raison apparente.

– Arrête Paul, tu vas trop vite ! Caroline commençait déjà à chercher des idées : elle était incapable de supporter ce mystère. Tu n'as pas lancé quelque chose, changé quelque chose ?

– Ce sont les choses qui ont changé, à mon corps défendant. C'est sûr, les choses sont différentes en ce moment, mais pas dans le bon sens, clama Paul de sous son jet fumant. Depuis l'inondation, tout marche sur la tête. La réserve est en travaux, je suis obligé de garder mon stock à l'extérieur. C'est Roger qui m'envoie tous les jours la marchandise dont j'ai besoin, et franchement je vis au jour le jour en ce moment.

– Oui, je sais, dit Caroline, qui hésitait entre trois paires de boucles d'oreille. »

Quand Paul sortit de la douche, vêtu d'un peignoir vert, il se frictionna les cheveux pour les sécher. Caroline poursuivit :

« Si tes chiffres sont meilleurs, c'est que quelque chose a changé. Ces dernières semaines, c'est pour le moins chaotique. Peut-être que c'est lié. Tu n'as rien remarqué de positif ?

– Les ventes vont mieux, et depuis que j'ai dégagé une bonne partie du stock (plus que nécessaire, en fait), les étalages sont bien meilleurs. Je ne peux pas croire que ça ait une telle influence sur les ventes ?

– À mon avis, si ! répondit Caroline à cette question rhétorique tout en s'asseyant pour enfiler des escarpins à talons vertigineux. Si les étalages sont plus beaux, ça attire davantage de clientèle.

– Mais la fréquentation n'a pas augmenté. Paul décrochait son pantalon de smoking fraîchement repassé et l'enfilait. J'ai surveillé ça de près. Tous les jours, les caisses sonnent 20 % plus souvent, mais le nombre de clients qui entrent dans le magasin n'a pas augmenté. Crois-moi, après tant d'années passées dans ce fichu magasin, j'aurais vu la différence. »

Caroline, sensible à la frustration exprimée par son mari, était d'autant plus déterminée à continuer l'investigation, pour aller au fond des choses et comprendre le pourquoi de ce succès inattendu. « Alors c'est simple, l'augmentation des ventes ne vient pas de l'augmentation du nombre de clients, mais plutôt du fait qu'en moyenne, chaque personne achète plus », conclut-elle. « Tu as une idée de la cause ?

– Je ne sais pas. Caroline aida Paul à mettre ses boutons de manchette, et ce dernier fit une mimique signifiant qu'il était à court d'idées.

– Qu'est-ce qui pourrait bien provoquer une hausse de 20 à 30 % ?, réfléchit Caroline à haute voix. Il ne peut pas s'agir des facteurs classiques, les promotions ou les nouvelles collections. Qu'est-ce que ça peut bien être ? »

Paul rectifia son nœud de cravate : « Je te l'ai dit, ce sont les fluctuations, c'est tout.

– Peut-être, répondit Caroline en tendant à son mari le collier qu'il lui avait acheté pour leur dixième anniversaire de mariage. Tu m'aides ? »

Collier attaché, veste de smoking impeccable, le couple regagna le rez-de-chaussée de la maison de Belle Meade. Lisa était dans la cuisine, elle aidait Juanita à préparer le dîner, et Ben se concentrait de toutes ses forces sur la console de jeu, dans le salon. Paul et Caroline interrompirent ces activités pour prendre congé et sacrifier au traditionnel baiser de bonne nuit. Ils avertirent Juanita qu'ils rentreraient vers 11 heures.

Caroline, l'air déterminé, prit ses clés près de la porte, et Paul comprit que c'était elle qui allait conduire. En démarrant, elle dit :

« Tu sais, chéri, il y a autre chose qui pourrait faire grimper les ventes. Mais je ne vois pas comment ça pourrait expliquer ton histoire.

– Et c'est quoi ? demanda Paul.

– Tout le monde accuse les achats quand il s'agit de ventes manquées ; si on avait acheté assez, si on avait envoyé la marchandise… Sans cesse, on me met la pression pour que j'évite les articles manquants. Mais je ne vois pas comment le fonctionnement actuel de ton magasin aurait pu contribuer à ça.

– Moi non plus, mais le plus drôle est qu'effectivement, j'ai moins d'articles manquants, beaucoup moins qu'avant, confirma Paul. Mais ça pourrait à la rigueur expliquer 2 ou 3 %, pas 20, c'est impossible.

– Deux ou trois pourcent seulement ? rétorqua Caroline, choquée par la réponse. Mais ça contredit tout ce que tu m'as raconté jusqu'à présent. Ces trois dernières années, tu as passé ton temps à te plaindre des ruptures de stock. Tout ça pour un élément qui affecte à peine les ventes ? »

Paul voulut parler, mais Caroline l'interrompit et appuya rageusement sur l'accélérateur :

« Non, ne réponds rien, tu n'es pas le seul. Toutes les semaines je me fais engueuler par les responsables régionaux, comme quoi je n'ai pas acheté suffisamment, ou alors ils me demandent de leur envoyer ceci ou cela. Et voilà, tu me dis que ça n'a finalement pas d'importance. C'est la meilleure !

– Je n'ai jamais dit que ça n'avait pas d'importance, ça en a, c'est sûr, dit Paul, sur la défensive. Il espérait qu'elle ralentirait. 2 ou 3 %, ça n'est pas rien. Mais les ventes perdues dues à des articles manquants ne représentent pas plus que cela. Après tout, nos articles sont interchangeables. Les clients viennent acheter des torchons, ils achètent des torchons. S'ils ne trouvent pas ce dont ils rêvent, ils en achètent d'autres.

– Et les draps ? répondit Caroline d'un air de défi en s'engageant sur la rampe de l'I-95. Si je veux acheter des draps et que le magasin n'a pas ceux que je veux, non seulement je n'en achète pas d'autres, mais en plus je ne reviens plus jamais dans ce magasin !

– Qu'est-ce que tu racontes ? taquina Paul. Les draps, c'est une affaire de famille chez toi, tu n'as jamais été obligée d'aller dans un magasin pour en acheter ! Et en plus, tu es plutôt plus difficile que la moyenne.

– Peut-être, répliqua-t-elle, peu satisfaite de la réponse. Mais tu perds tous les clients difficiles, et tu sais bien que ta clientèle est constituée de ces dames de Boca qui sont plutôt exigeantes. Franchement, à mon avis, les ruptures de stock constituent la principale raison pour laquelle les clients repartent sans rien acheter.

– Allons Cara, prends un peu de recul, dit Paul en regardant le reflet ondoyant des réverbères dans l'eau. Déjà, il n'y a qu'un client sur cinq qui achète après être entré dans le magasin. Et ça n'a rien à voir avec les ruptures de stock. Je te mets au défi de me trouver une cliente qui cherche un nouveau tapis ou des draps et qui n'essaie pas plusieurs magasins avant d'acheter. »

Instinctivement, Caroline savait que Paul avait tort, et que l'impact des ruptures de stock sur les ventes perdues était plus important qu'il le croyait. Mais comment le lui prouver ? Elle essaya une autre approche. « Combien de ruptures de stock as-tu en général ? Je veux dire, si tu prends la liste des références que tu es censé vendre dans ton magasin, quelle est la proportion des articles manquants ? »

Paul réfléchit :

« Mmmmm... entre un quart et un tiers, j'imagine. Oui, nous sommes en rupture pour à peu près 500 ou 600 articles sur les 2 000 que le magasin est censé proposer. Chérie, je suis désolée, mais ce n'est ni ma faute ni celle de Roger. »

Caroline ignora cette tentative de rejeter la responsabilité sur les achats : ça n'était pas le problème... Elle se laissa doubler par une petite Subaru avant de prendre la sortie nord vers Alton Road. « J'imagine que les références manquantes sont les plus populaires ?

– Bien sûr.

– Et voilà !, s'exclama-t-elle, s'engageant de justesse dans l'entrée du centre médical Mont Sinaï. S'il te manque grosso modo un quart des références, et que celles qui te manquent sont les meilleures ventes, comment peux-tu dire que ça ne représente que 2 ou 3 % de pertes ? »

Caroline brandit l'invitation devant l'homme débraillé qui s'occupait du parking. Paul essayait d'assimiler cette nouvelle prise de conscience. Pas totalement convaincu par le raisonnement de sa femme, il s'efforçait de s'assurer que ce phénomène n'était pas à l'origine de ses ventes récentes. « Je crois que récemment, j'ai eu beaucoup moins de ruptures de stock. Ne me demande pas les chiffres, je ne les ai pas en tête, mais j'ai l'impression que les ruptures ont baissé significativement. À mon avis, je n'ai plus que 200 articles manquants. »

Caroline glissa la voiture dans un emplacement libre ; elle ne contrôlait plus son enthousiasme. « Par rapport aux mois précédents, tu as en magasin plusieurs centaines d'articles en plus, et les plus populaires. Les dames de Boca, ça n'explique pas tout ! Ce sont les articles que tes clients veulent vraiment ! Comment as-tu pu t'imaginer que ça ne représentait que 2 % ?

– D'accord, d'accord. Disons 20 % alors. Mais chérie, dit Paul en débouclant sa ceinture et en ouvrant la portière, Pourquoi ? Pourquoi les ruptures de stock ont-elles baissé ce point ? Tout ce que j'ai fait, c'est transférer mon stock d'un lieu à un autre. »

Caroline plissa le front :

« Peut-être Roger…

– Ça doit être ça, confirma Paul. Je verrai avec lui demain à la première heure. »

Bras dessus, bras dessous, ils firent leur entrée à la soirée.

# Chapitre 9

Le lendemain matin, en arrivant par la porte du personnel, Paul vit Javier et Janine prendre leur café dans la kitchenette aux couleurs acidulées. Il se demanda si ces deux-là se voyaient en dehors des heures de travail.

« Bonjour », fit-il en passant.

Javier l'arrêta :

« Bonjour, patron. Il paraît qu'ils ont presque fini les travaux au sous-sol ? Alors tout va redevenir normal ?

– Oui, encore une semaine à attendre, répondit Paul. Merci pour votre patience. Dites-moi, avec tout ça, comment ça se passe ?

– J'ai travaillé dur, mais les chiffres sont bons, répondit le responsable du rayon moquette et tapis.

– Et vous, Janine ?

– Tous mes clients ont le sourire, répondit la responsable du linge de table. Ça doit venir du séminaire de pensée positive auquel vous nous avez envoyés. Ça marche !

– C'est parfait, répondit Paul en levant le pouce. »

Se remémorant la conversation de la veille, il demanda : « Dites-moi, vous avez eu combien de ruptures de stock ? Dans le mois passé, combien de références manquantes en tout ?

– Bien moins que d'habitude. Avant, j'avais un article manquant par heure. Aujourd'hui, c'est plutôt un ou deux par jour. Vous savez, patron, dit-elle, enthousiaste, je me demande si cette bonne ambiance ne vient pas de là. Quand ils trouvent ce qu'ils veulent dans les rayons, les clients sont plus satisfaits.

– Ça se peut, mais dans quelle mesure est-ce que ça influence les ventes ?

– Évidemment, les gens achètent plus quand ils trouvent ce qu'ils veulent, répondit-elle tout simplement.

– Et c'est pareil pour moi, je confirme, déclara Javier. »

Paul utilisa son logiciel de gestion pour contrôler le nombre de références présentes sur la liste des ruptures de stock en janvier. Puis il vérifia le nombre de ventes pour ces références en février. Le chiffre de ces ventes correspondait à peu près à l'augmentation des ventes. Manifestement, le fait que ces articles étaient désormais presque tous disponibles en magasin était à l'origine de la hausse du chiffre.

Puis il vérifia la liste des ruptures de stock pour février, et s'aperçut que les ruptures étaient passées de 29 % à 11 %. Caroline avait raison, et Janine aussi. La baisse des ruptures était bien à l'origine de l'amélioration.

Mais la question de la veille au soir demeurait sans réponse. Pourquoi y avait-il moins de ruptures qu'à l'habitude ? En plus, si le magasin vendait plus, il aurait dû y avoir davantage de ruptures. Tout ce qu'il avait fait, c'était de transporter son stock d'un entrepôt à l'autre, plus éloigné qui plus est.

La seule explication plausible était que Roger envoyait de la marchandise qui ne provenait pas seulement des stocks de Paul. Il avait dû augmenter les livraisons en provenance de l'entrepôt régional. Brave Roger !

Non, ça n'était pas possible. Pour chaque référence manquante, il y avait une commande en cours ; le système les générait automatiquement à chaque fois que le stock descendait sous un niveau prédéterminé. Donc si l'article manquait au magasin, c'est qu'il manquait aussi à l'entrepôt régional. D'où sortaient donc ces articles ? Était-il possible qu'une grosse livraison soit arrivée, qui ne contenait que les articles en rupture de stock ? Certainement pas. Alors que se passait-il ?

Il décrocha son téléphone.

« Roger, bonjour.

– Salut Paul, quoi de neuf ?

– Il y a quelque chose que je ne comprends pas, répondit Paul. Les articles que tu m'envoies, ils viennent du stock général ou bien de mon stock à moi seulement ?

– Tu n'as donc pas vérifié ta liste de commandes spéciales ?

– Roger, tu es un véritable ami, répondit Paul. Mais ne t'ai fait aucune commande spéciale.

– Si, d'une certaine manière, Roger s'amusait au bout du fil. Quand tes listes quotidiennes incluent des commandes d'articles dont tu sais qu'ils manquaient depuis plusieurs semaines, j'appelle ça une commande spéciale. »

Paul comprit que son ami faisait allusion aux articles supplémentaires que Maria avait obtenu d'ajouter aux listes quotidiennes ; des articles qui étaient en rupture bien avant l'inondation. « Mais comment se fait-il que ces articles soient disponibles ? Quand tu reçois ton stock, tu envoies bien aux magasins tous les articles pour lesquels ils ont une commande en cours ?

– Ça dépend de ce que tu entends par stock, précisa Roger. Vous autres, les responsables de magasins, mais aussi les financiers de la direction, vous m'êtes tous tombés dessus parce que je faisais des livraisons partielles. Tout le monde prétend que si l'on dévie des quantités spécifiées, cela sème le désordre dans les comptes trimestriels et annuels. Apparemment, c'est tellement grave que le nouveau système ne me laisse pas faire d'envois partiels sur une commande.

– Content de t'avoir donné l'occasion de pester contre les comptables, intervint Paul, mais quel est le rapport avec ma question ?

– Le rapport est direct, répondit Roger. Si ton magasin commande 4 cartons et que je n'en ai que 2, je ne peux pas te les envoyer. Ce qui fait que tous les entrepôts se retrouvent avec des surplus sur les bras. Ce qui n'est pas grave en soi, parce que par définition un surplus est plus petit que la commande d'un seul magasin. Mais en regard des quantités quotidiennes que tu me demandes, ça fait beaucoup. Voilà d'où viennent ces articles.

– Roger, je te remercie, dit Paul avec sincérité. Grâce à toi, j'ai beaucoup moins de ruptures, et mes ventes ont augmenté d'environ 25 % ce mois-ci.

– Impressionnant. Roger était content. Je dirai aux gars qui ont préparé tes commandes que leur travail a porté ses fruits.

– Tu peux les remercier en mon nom, conclut Roger. Merci encore, Roger. Je te revaudrai ça au prochain match des Heat[5]: c'est moi qui offre les tickets !

– Et une bière avec ? »

Non seulement Caroline avait raison, se dit Paul, mais grâce à Roger, ça ne s'arrêtait pas là ! Quand il avait accepté que Maria ajoute à la liste les articles en rupture de stock, Paul avait voulu s'offrir un peu de paix, tout simplement. Mais il avait obtenu beaucoup plus. Car ces commandes étaient la source de son succès !

5. Célèbre équipe de basket de Miami.

Les ruptures baissaient, les ventes montaient, et Paul voyait maintenant clairement le lien entre les deux. Les performances du magasin de Boca ne résultaient aucunement de fluctuations hasardeuses, ni d'un coup de chance.

Peut-être le miracle qu'il attendait s'était-il produit ? Aurait-il trouvé la méthode durable pour améliorer la performance d'un magasin ? Si oui, alors il avait bien mérité sa promotion à venir.

Et pourtant, il était tiraillé par l'incertitude. Quelque chose n'allait pas. En général, le bénéfice au magasin de Boca était de 6 %. Donc, si le chiffre du magasin montait d'un quart, les bénéfices auraient dû monter de 6 % de ce chiffre, soit 1,5 %. Ce qui aurait fait grimper le médiocre chiffre de 3,2 % en janvier à environ 5 %. Bien loin des chiffres glorieux de Delacruz, le premier du classement, qui dépassait constamment les 7 %. Comment donc le magasin de Boca avait-il pu passer de la huitième à la première place ?

Paul, préoccupé, demanda à Alva d'appeler la comptabilité.

« Salut Paul ! » Bob avait l'air sincèrement heureux d'avoir Paul au téléphone.

« Bob, je peux vous demander à quoi ressemblent mes résultats du mois dernier, comparés au reste de la région ?, demanda-t-il.

– Je vous l'ai dit, le magasin de Boca Raton occupe la première place.

– Oui, je sais, c'est ce que vous m'avez dit hier, dit Paul. Mais si on compare aux autres, est-ce qu'on a fait beaucoup mieux ?

– Paul, vous comprendrez qu'il m'est difficile de vous dévoiler ce genre de renseignement sur les autres magasins, répondit Bob. Vous trouverez toutes les informations dans le rapport, qui sortira la semaine prochaine. Mais je peux vous donner une idée de votre position. Nous n'avons pas encore finalisé les chiffres, mais votre magasin a réalisé un bénéfice remarquable puisqu'il atteint 17,4 %. Voilà pourquoi vous êtes le premier. Aucun autre magasin ne peut se vanter d'avoir obtenu un tel bénéfice. »

Paul le remercia et raccrocha. Numéro un de toute la chaîne ? 17,4 % ? C'était absurde. Astuce comptable, réajustement, cavalerie : il fallait que ce soit une de ces raisons. Peut-être avaient-ils compté le remboursement de l'assurance dans le chiffre d'affaires, ou alors avaient-ils omis de comptabiliser le loyer du mois pour la réserve.

S'il y avait une chose dont il était sûr, c'était que ce bénéfice ne pouvait pas être réel.

# Chapitre 10

« Bonjour, chéri » dit Caroline en sautant dans l'entrée. Paul avait toujours admiré son énergie. « Tu as fait des découvertes ? »

« J'ai découvert que je devrais t'écouter plus souvent, avoua Paul en lui plantant un baiser sur la joue. Tu avais raison. L'augmentation des ventes est bien réelle, et c'est directement lié à la baisse des ruptures de stock. Et une fois de plus tu avais raison de dire que c'était à cause de Roger.

– Donc tu es vraiment le premier de la région ! dit Caroline en souriant. Je t'avais bien dit que c'était vrai !

– Oui, très vrai, répondit Paul, cynique, avec 17,4 % de rentabilité.

– Sois un peu sérieux, rétorqua Caroline.

– C'est le chiffre que m'a donné la comptabilité, dit Paul. C'est totalement absurde, tu ne crois pas ? Paul haussa les épaules et entra dans la cuisine où il vérifia la cuisson des lasagnes qu'il venait de faire. Caroline lui emboîta le pas.

– Peut-être que tu as mal entendu ? demanda-t-elle. Ou peut-être qu'il s'est trompé, qu'il voulait dire 7,4 % ? »

Paul se tourna vers elle et dit :

« 17,4 %. Et Bob prétend que je suis le premier de toute la chaîne, pas de la région seulement. Il ne s'est pas trompé. Ces valses de chiffres me rendent dingue.

– Les comptables ne font pas valser les chiffres quand il s'agit de classement. S'ils disent une chose, c'est qu'ils l'ont vérifiée, répliqua sa femme en prenant quatre assiettes dans le placard. »

Paul restait sceptique. « Peut-être, mais quand même, je trouve ça louche.

– C'est vrai que c'est bizarre, reconnut Caroline en posant les assiettes sur la table. J'ai déjà vu des magasins faire des profits à deux chiffres, mais c'était toujours temporaire. Ton énorme augmentation est basée sur quelque chose de systématique, c'est durable, et ça change tout.

– J'ai fait mes calculs, chérie, expliqua Paul en éteignant le four. Des arômes de tomates, d'origan et de mozzarella envahissaient la cuisine. Vu l'augmentation des ventes, la rentabilité aurait dû atteindre 5 % maximum. »

Tout en disposant les couverts et les serviettes, Caroline demanda :

« Alors d'où viennent les 12 % supplémentaires, si ce n'est pas des ventes ? Je suis sûre que tu n'as pas baissé tes coûts de 12 %.

– Bien sûr que non. Avec la crise, j'avais tellement peur que mes ventes s'effondrent que je n'ai rien osé toucher, craignant de les mettre en danger. Paul fronça les sourcils. Attends un peu. Maintenant que j'y pense, je n'ai pas dépensé un sou de plus, alors que mes ventes ont monté de façon spectaculaire.

– Voilà qui est intéressant, musa Caroline, les verres à la main. Je pensais que quand les ventes grimpaient, la hausse des dépenses était proportionnelle.

– Pas dans mon cas, répondit son mari en attrapant une manique. J'ai eu de meilleures ventes, mais les mêmes dépenses que le mois dernier. Non seulement je n'ai pas pratiqué de remises, mais je n'ai pas fait de pub ni proposé d'heures supplémentaires.

– Donc tes coûts généraux étaient les mêmes qu'en janvier ?

– Absolument.

– Donc tu as vendu 28 % de plus sans ajouter un sou à tes dépenses ! s'exclama-t-elle, oubliant dans son enthousiasme les verres qu'elle tenait à la main. Ce qui signifie que pour les ventes supplémentaires de février, tes seuls coûts étaient ceux de l'achat ! Toute la valeur ajoutée que tu as obtenue sur ces ventes est venue augmenter ton bénéfice net !

– Le prix d'achat est environ 50 % du prix de vente, n'est-ce pas ? Paul raisonnait, tout excité, l'œil brillant, et agitait sa manique. Donc cela veut dire que la deuxième moitié de mes ventes supplémentaires était tout bénéfice !

– Et la moitié des 30 % de ventes supplémentaires s'ajoute au bénéfice de 14 % qui t'a permis de prendre la première place. Caroline jubilait. Et maintenant, tu vois bien que tu la mérites, cette première place !

– Waouh, alors c'est pour de vrai, dit Paul, abasourdi. »

Un ange traversa la cuisine. Caroline finit par poser ses verres. Paul ouvrit le four, en sortit les lasagnes et les posa sur un dessous-de-plat au milieu de la table, tout en essayant d'assimiler tous ces nouveaux éléments.

Il avait réussi à rendre le magasin rentable ! Il avait trouvé une méthode bien plus efficace pour le faire tourner. Maintenant, le défi consistait à s'assurer que cette méthode porterait ses fruits ; elle ne prendrait sa vraie valeur que si elle pouvait s'appliquer à toute la région, voire à toute la chaîne. Avec ces chiffres, il savait que son accession aux plus hauts postes ne devrait rien à la nature de son mariage. Il n'avait plus aucune raison de préparer son CV.

Il embrassa Caroline avec passion :

« Ma chérie, finalement toute cette agitation a fini par payer. J'ai essayé d'éteindre l'incendie, et j'ai trouvé la clé du succès.

– Ce n'était qu'une question de temps.

– Merci, Cara, dit Paul et je dois aussi une fière chandelle à Roger. Mais maintenant, au lieu de lui demander de me renvoyer tout mon stock, il va falloir que je le persuade de poursuivre ses réapprovisionnements quotidiens. *Ad vitam aeternam*. Et ça ne va pas être facile. Ses équipes doivent devenir folles à force de me faire des envois tous les jours. Comment est-ce que je pourrais le convaincre de faire la même chose pour toute la région ?

– Peut-être devrais-tu te servir de ton expérience ? dit-elle en sortant une salade du réfrigérateur.

– Qu'est-ce que tu veux dire ? »

Tout en préparant une vinaigrette, elle expliqua : « Hier, tu ne pensais qu'à une chose : revenir à la normale. Tu te plaignais que tout marche sur la tête, tu geignais après ton stock, tu râlais parce que tu vivais au jour le jour en dépendant de Roger. Et en vingt-quatre heures, tu as complètement inversé la balance. »

Paul acquiesça en riant. Caroline poursuivit : « Si nous arrivons à repérer exactement ce qui t'a fait changer d'avis, peut-être que cela t'aidera à convaincre Roger.

– Ça paraît raisonnable, approuva Paul. Les raisons de mon retournement sont évidentes. Ce que j'ai compris hier et encore plus aujourd'hui, c'est qu'en fait j'attendais ce changement. Le nouveau système m'a permis de réduire mes ruptures de stock à une partie de ce qu'elles étaient, ce qui m'a conduit à augmenter mes ventes et à faire exploser mes profits.

– Mais tout cela, tu le savais avant. Tu savais que tes ruptures baissaient et que tes ventes montaient.

– Oui, mais je n'avais pas fait le lien, répondit Paul. Chassant une mouche imaginaire, il poursuivit. Je savais que mes ruptures baissaient, mais ce que je ne savais pas, c'est que c'était directement lié au changement. Comment pouvais-je deviner que Roger était capable d'utiliser les envois quotidiens pour me fournir à partir des surplus de l'entrepôt ? De plus, j'ignorais qu'une réduction des ruptures aurait un tel impact sur les ventes. »

Comme Caroline se taisait, il se dépêcha de continuer. « Et avant que tu ne me tapes sur la tête, je te rappelle que jusqu'à il y a 5 minutes, aucun d'entre nous n'avait compris que la hausse des ventes, puisqu'elle n'était liée ni à des réductions de prix ni à une augmentation des dépenses, catapulterait les profits au premier rang. Je reconnais que les faits étaient là, et pourtant, tant que je n'ai pas fait les bons rapprochements, je n'ai pas compris que ce changement était la cause directe de cette énorme augmentation des profits.

– Tu sais, Papa a peut-être raison, murmura Caroline. Voyant que Paul ne comprenait pas, elle s'expliqua : Il prétend que lorsque les gens trouvent un changement positif, ils l'acceptent. Ton attitude envers le changement s'est complètement transformée à la minute même où tu as compris son impact.

– C'est évident, répondit Paul en haussant les épaules.

– Donc pour convaincre Roger, il faut que tu t'assures qu'il ne fait pas comme toi. Il faut que tu l'aides à faire les bons rapprochements ! »

Paul se mordit la lèvre inférieure pour montrer son scepticisme, mais avant que Caroline ne puisse l'interpeller, il se mit à crier en direction de l'escalier : « Les enfants, le dîner est prêt ! »

Puis il se tourna vers Caroline et ajouta. « J'ai hâte de dire à Lisa que ma première place, c'est pour de vrai ! »

Caroline et Paul avaient laissé à Lisa et Ben le soin de charger le lave-vaisselle. Caroline précéda son mari dans le bureau.

« Alors, mon preux chevalier, dit Caroline, au moment du dessert je t'ai trouvé pensif. Qu'est-ce qui te préoccupe ? »

Paul secoua la tête et dit : « Je réfléchissais à ma conversation de demain avec Roger. Comment le convaincre ? Je n'aurai pas besoin de reprendre tout le chemin que nous avons fait ensemble. Je vais plutôt lui montrer les bons rapprochements à travers les données que j'ai rassemblées. Mais j'ai bien peur que ça ne suffise pas, mon amour…

– Et pourquoi ? demanda-t-elle en s'asseyant et en posant ses longues jambes sur un repose-pieds qu'elle avait rapporté d'un de ses voyages en Extrême-Orient. S'il perçoit la poule aux œufs d'or, il acceptera de faire ce qu'il faut pour que ça marche.

– Pas si vite, fillette ! Paul se versa un verre. Ce n'est pas parce que je considère les bénéfices comme une poule aux œufs d'or qu'il aura la même vision des choses. Après tout, Roger ne dirige pas un magasin, mais un entrepôt, et à ce poste il n'est pas évalué sur des critères de rentabilité.

– En d'autres termes, tu es en train de me dire que même s'il comprend bien les rapprochements, son jugement sur l'impact positif du changement sera différent. Caroline agita la main pour refuser un verre de cognac, et poursuivit. Tu n'as pas tort, mais je ne pense pas qu'il sera insensible à une meilleure rentabilité pour la région. Après tout, Roger fait partie de l'entreprise. Montre-lui comment et pourquoi ses actions ont boosté les profits de ton magasin jusqu'à ce qu'il totalise ceux de trois magasins, et il devrait monter à bord sans problème.

– Mais il y a un gros obstacle, objecta Paul. Nous n'avons regardé que les bénéfices, les plus, du changement – la poule aux œufs d'or. Mais il y a aussi des moins. Pour capturer la poule, nous devrons changer, escalader des montagnes. Ce qui exigera des efforts et de la douleur. Pour moi, c'est simple. En fait, dans une certaine mesure, le changement nous facilite la tâche. Ce qui n'est pas le cas de Roger. Pour lui et ses équipes, c'est une vraie calamité de nous envoyer nos commandes quotidiennes.

– Une calamité ? Mais il s'agit simplement de charger de la marchandise dans un camion !, protesta Caroline.

– Eh bien apparemment c'est très difficile, précisa Paul. Pour me fournir mes commandes quotidiennes, ils doivent ouvrir les cartons. En plus, son équipe doit vérifier chaque jour ma pile, et s'il manque des articles, ils doivent aller les chercher dans le stock général. En bref, ça leur fait beaucoup plus de travail.

– Tu es en train de me dire que pour Roger, la poule aux œufs d'or est moins séduisante, et que l'effort est beaucoup plus important. Évidemment, comme ça, je comprends mieux pourquoi tu penses que pour lui, le changement est plutôt négatif. Hmmm... Y aurait-il un moyen de le rendre moins douloureux ? se demanda Caroline à voix haute.

– Eh bien... », Paul réfléchit à la question et but une gorgée de cognac.

Au bout d'un moment, il dit :

« Comme je te l'ai dit, une partie de la difficulté réside dans le fait que les équipes doivent puiser dans deux "piles" différentes à l'intérieur de l'entrepôt. La solution la plus simple consisterait à ne les faire travailler que sur une pile, de fusionner mon stock avec le stock général. Cela me forcerait à ne plus contrôler mes stocks, mais ça ne me pose pas de problème. Si Roger a moins d'efforts à fournir, ça devrait passer mieux...

– Tu sais, Paul, dit Caroline d'un ton pensif, j'ai toujours su qu'inciter les gens au changement était une tâche difficile. Mais je pensais qu'en mettant suffisamment l'accent sur le côté positif, cela suffirait. À l'évidence, ça n'a pas toujours été le cas – trop souvent, je me suis heurtée à des oppositions. Et j'ai toujours mis mes échecs sur le compte de l'incompréhension de l'autre.

– Et tu n'avais pas toujours tort, intervint Paul. Et je fais référence à une expérience récente !

– Oui, je te parle de ma tendance à me concentrer sur le côté positif des changements que je suggère, sans considérer le côté négatif, surtout lorsque cela affecte d'autres fonctions dans l'entreprise. Par exemple, quand j'ai essayé de persuader Papa de racheter Leon's, je m'étais bien préparée pour étayer ma proposition avec des bénéfices alléchants, mais je n'avais jamais pensé à tous les travaux préparatoires nécessaires pour éviter le chaos qu'un tel changement aurait pu engendrer. Il va falloir que j'y pense davantage dorénavant, mais maintenant tu ferais mieux de préparer tes chiffres pour Roger.

– Tu as raison, merci chérie. Sans ton obstination, j'aurais laissé passer une opportunité en or !

– Je t'en prie », dit-elle en battant des paupières et en l'attirant vers elle pour l'embrasser.

# Chapitre 11

Le dépôt régional contenait plus de 7 000 m$^2$ carrés de cartons. Les plates-formes superposées s'étendaient sur la totalité de la longueur et de la largeur, presque jusqu'au plafond, à 7,50 m de haut. Paul traversait l'entrepôt quand deux chariots passèrent près de lui, transportant de grandes palettes de cartons. Le camion qui se trouvait à quai était en cours de chargement : trois costauds y travaillaient, vêtus de chemises de travail et d'équipements de protection.

À l'arrière, au premier étage, se trouvait le bureau du directeur qui permettait de superviser tout ce qui se passait dans ce gigantesque complexe. Le directeur du dépôt se tenait debout en haut des marches, l'air pensif.

« Alors, tu as décidé de venir chercher ton stock tout seul ? plaisanta-t-il. Je peux demander de l'aide à un contremaître, si jamais tu te perds.

– Ha-ha, répliqua Paul. Pas étonnant que tu sois en forme – rien qu'en allant jusqu'à ton bureau, j'ai perdu 1 kg.

– Allez, entre, je vais te chercher une tasse de lavasse à la machine, dit Roger. Alors, qu'est-ce qui t'amène dans notre marigot ? »

Paul entra dans le bureau à air conditionné et sortit les papiers que Caroline et lui avaient rédigés la veille au soir. « Eh bien on dirait que cette inondation est la meilleure chose qui me soit arrivée récemment. Je t'avais dit que les ventes s'amélioraient, mais je n'avais pas encore réalisé à quel point. Je suis le premier de toute la chaîne ! »

Roger siffla d'admiration.

« Regarde ces chiffres, et Paul désigna ses papiers. Regarde la baisse des ruptures, et tout ça grâce à toi, Roger. Et là, les ventes des articles qui, sans ton intervention, n'auraient pas été disponibles au magasin. Et regarde le total… Ces ventes supplémentaires qui n'ont pas été générées par une baisse de prix, et qui n'ont impliqué aucune dépense complémentaire, ont fait exploser mes bénéfices : 17,4 % !

– Impressionnant, répondit Roger. Et tout ça à cause de moi ? C'est pour ça que tu es là, pour me remercier personnellement ? Il se demandait la raison de la visite de Paul. Il appréciait le geste, certes, mais le coup de fil de la veille lui aurait suffi.

– En fait, ce n'est pas la seule raison, répondit Paul. Avançant à pas de loup, il choisit de retarder le moment où il faudrait aborder l'idée la plus menaçante, celle des réapprovisionnements quotidiens pour toute la région, et choisit de se concentrer sur le problème le plus pressant, à savoir pérenniser le processus pour son magasin. Et j'ai une autre demande de taille ! Mes réserves devraient être réutilisables la semaine prochaine, mais je pense que nous devrions continuer à travailler comme nous l'avons fait ces dernières semaines. »

Roger se concentra en silence. Paul craignit un instant qu'il ne le jette dehors par la peau du cou. Peut-être venait-il de passer du statut d'ami à celui de boulet.

« Roger, commença-t-il, ce mode opératoire que nous avons mis au point est capable d'augmenter les profits dans des proportions que personne n'aurait osé imaginer. Tu ne crois pas qu'on devrait continuer ? Ou bien est-ce que j'en demande trop ?

– Tu sais bien que tu en demandes trop, répondit Roger. Ça prend du temps, du personnel, de l'organisation, sans oublier le mécontentement des équipes. Tous les jours, ces gens prennent tes listes, regardent ce qu'il y a dans ton stock… »

Paul essaya de l'interrompre, mais Roger poursuivit.

« Ils doivent aller chercher ce qui manque aux quatre coins de l'entrepôt, l'amener vers ta pile, ouvrir des cartons pleins pour prendre des articles à l'unité ou deux par deux et les emballer pour le transport. C'est une vraie corvée, ils ont horreur de ça.

– Roger, je comprends bien, mais…

– On ne t'a jamais dit que c'était impoli d'interrompre un adulte quand il parle ? Laisse-moi terminer, dit Roger avec un sourire. Depuis longtemps, je sentais qu'il y avait quelque chose qui n'allait pas dans le fonctionnement de ce dépôt. Le fait que les magasins stockent plusieurs mois de vente de certains articles, alors que beaucoup d'autres en manquent, ça n'a pas de sens. Et je me fais toujours engueuler, quoi que je fasse. Ça montre bien que ça ne tourne pas rond. »

Roger but une gorgée du liquide noir qui restait dans sa tasse et poursuivit, avec beaucoup de concentration. « Ton idée de n'envoyer dans les magasins que ce dont ils ont besoin ressemble à la solution que je cherche depuis longtemps. Et le fait que cela ait un tel impact sur les ventes ne fait qu'ajouter de l'eau à mon moulin. Mais pour que le système soit vraiment efficace, il faut qu'il s'applique à toute la région, pas seulement à Boca. »

Paul n'en croyait pas ses oreilles. Il s'était persuadé qu'il serait obligé de supplier Roger… L'idée de changer la façon de travailler pour tous les magasins de la région n'était pas une petite évolution, et il pensait qu'il lui faudrait des semaines pour convaincre son ami de collaborer. Sa réaction était une surprise totale.

« Mais il va falloir obtenir l'accord de Martin, ajouta Roger.

– Ce radin ! » dit Paul. Il n'éprouvait aucune affection pour son supérieur direct, le directeur régional.

Roger poursuivit, ignorant le commentaire. « Ce qui n'empêche que la logistique va poser un problème. Même si nous avons le feu vert, il faudra de nombreux changements. Tant que ça ne concernait qu'un magasin, ça allait encore, mais je ne sais pas comment je vais m'organiser pour réapprovisionner toute la région au quotidien. Il me faut un peu de temps pour y réfléchir. Paul, je suis de ton côté, mais avant de changer tout le mode de fonctionnement du dépôt, il faut que je sois sûr que les résultats sont durables. »

Paul, plein d'espoir, répondit, « Je t'ai bien compris : nous continuerons à recevoir nos réapprovisionnements quotidiens ? »

– Oui, bien sûr, répondit Roger. On continue jusqu'à la fin du trimestre et on voit ce que ça donne. Pendant ce temps-là, j'essaie de trouver la solution pour le faire à grande échelle. Mes équipes ne seront pas contentes, mais il faudra bien qu'elles fassent contre mauvaise fortune bon cœur.

– J'ai une idée qui pourrait leur faciliter la tâche, dit Paul. Tu m'as bien dit que c'était une véritable corvée d'aller puiser dans deux tas différents ? Eh bien tu n'as qu'à prendre la marchandise qui m'est destinée uniquement dans le stock général.

– Tu comprends bien que si je fusionne le stock de Boca avec celui du dépôt, il faudra aussi que je transcrive l'opération en compta, dit Roger. Il regarda

Paul pour s'assurer qu'il avait bien compris toutes les implications de ce qu'il venait de dire, et ajouta : On est bien d'accord, tu me suggères d'abandonner la quasi-totalité de ton stock ? Une fois qu'il sera fusionné avec le stock général, je ne pourrai plus t'assurer sa disponibilité. Je n'ai pas le droit de réallouer mes stocks.

– Ce n'est pas ça qui me dérange. Le vrai problème, c'est que pour faire ça, j'ai besoin de l'accord de Martin, souffla Paul. Tu crois que j'ai une chance ?

– Pas l'ombre d'une chance !

– Merci de tes encouragements, dit Paul. Il savait que Martin pouvait se montrer vraiment difficile. Mais vu tout ce que tu as fait pour moi, je me lance, je vais essayer d'alléger ton fardeau. Je parle à Martin aussi vite que possible. »

Roger raccompagna Paul à la porte de l'entrepôt. Ce dernier le remercia et lui transmit les amitiés de Caroline pour Liz et les enfants. En rentrant à Boca, Paul était content de lui. Roger s'était embarqué pour deux mois, le temps de prouver que le système fonctionnait. En plus, ils étaient entièrement d'accord sur la nécessité d'appliquer cette nouvelle méthode de gestion des magasins et des stocks à toute la région.

Maintenant, toute la question était de savoir comment convaincre Martin, le directeur régional, de les laisser transférer le stock dans la comptabilité ?

Paul revint de l'entrepôt régional à la fois enthousiaste et anxieux. Il entra dans son bureau et demanda à Alva d'appeler le directeur régional.

« Bonjour Paul » entonna l'agréable voix de baryton qui caractérisait Martin. « J'allais vous appeler justement. Je viens de recevoir le rapport de la compta. Apparemment vous êtes premier ce mois-ci. Je sais que ça n'a pas été facile avec l'inondation, et je voudrais vous féliciter personnellement. Transmettez à votre équipe tous mes compliments, je suis conscient du travail qu'ils ont accompli.

– Merci, répondit Paul, mais ce n'est pas juste une question de quantité de travail. Nous travaillons différemment maintenant, avec une nouvelle méthode.

– Pardon ? »

Paul raconta à Martin ce que lui et Roger avaient imaginé. « Il est évident qu'il faut appliquer cette méthode à toute la région !

– Attendez une minute, dit Martin sur un ton qui affirmait qu'il était le supérieur hiérarchique. Je suis content que vous ayez fait un bon mois, très content.

Mais que ce soit bien clair : nous avons un bon système, qui fonctionne bien. Ce serait stupide de faire des changements en se basant sur les résultats d'un mois d'un seul magasin. Personne ne travaille comme ça. Vous êtes habitué aux raccourcis, étant le gendre du patron, mais de mon côté je crois aux méthodes établies et prudentes. C'est la seule voie du succès.

– Mais les chiffres parlent d'eux-mêmes, protesta Paul, dominant sa colère. S'il y avait une chose sur laquelle il avait insisté, c'était l'absence de raccourcis. Il contourna l'insulte et poursuivit son argumentation avec détermination. 17 % de bénéfices ! Voyons les choses en face, avec 7 %, vous auriez été content aussi.

– Ce n'est que sur un mois, c'est ponctuel, dit Martin fermement. Vous n'avez aucune idée des implications de ce que vous suggérez. De tels changements pourraient vous coûter un mois entier de chiffre d'affaires, et vous repartiriez de zéro.

– Au moins, laissez-moi continuer avec Roger, Paul essayait d'emmener Martin sur son chemin, et vous verrez que ce n'est pas ponctuel ; c'est un nouveau système, et grâce à lui toute la région pourrait obtenir les mêmes résultats que moi. Je suis certain de pouvoir obtenir les mêmes, mois après mois.

– Bien sûr, allez-y, répondit Martin. Montrez-moi que la hausse est durable sur une période significative, et on en reparlera. Après tout, se dit Martin, je n'ai rien à perdre. Si Paul réussissait, formidable – la région prendrait la tête de la chaîne ; et s'il échouait, au moins Paul aurait appris une bonne leçon.

– Formidable, Martin. Mais j'ai besoin de votre accord pour une petite démarche administrative. » Paul touchait au but, il espérait que sa tactique allait fonctionner. Délibérément, il avait commencé par présenter l'idée dont il savait pertinemment que Martin allait la trouver inacceptable, il était sûr d'essuyer un refus. Mais il avait réussi à amener Martin à une position où il était obligé de laisser Paul continuer son expérience.

Après une discussion courte mais âpre, Martin donna son accord pour transférer le stock de Paul dans le stock global du dépôt.

Malgré l'attitude désagréable de Martin, Paul avait l'impression d'avoir réussi. Le directeur régional avait donné le feu vert dont Paul avait besoin pour que Roger continue à coopérer. Et Paul savait qu'avec sa nouvelle méthode de réapprovisionnement quotidien, il ne pouvait pas échouer.

Ce soir-là, Caroline était bloquée par une conférence téléphonique tardive. Elle arriva chez elle bien après le dîner. Elle fut reconnaissante à Paul de lui avoir gardé son repas au chaud dans le four. Assise face à lui à la table de la cuisine, elle demanda : « Alors, comment ça s'est passé aujourd'hui ?

– Eh bien, répondit Paul avec un sourire, on dirait que Roger est pour le changement mais seulement si cela concerne toute la région, pas juste mon magasin.

– C'est incroyable, c'est exactement ce qu'on voulait. Je t'avais bien dit que ça marcherait ! clama Caroline, toute fière. Tu as su décrire les mauvais rapprochements qui masquaient le côté positif tout en réduisant le côté négatif : ça lui a permis de comprendre la valeur nette de ta proposition. »

Paul céda à la tentation de la taquiner. « En fait, dit-il d'un ton neutre, comme nous le pensions, la poule aux œufs d'or n'avait pas la même valeur à ses yeux. C'était juste “sympa”. Et j'ai dû me taper tout un discours sur l'effort. En plus, il me dit qu'il ne sait pas encore comment il va pouvoir approvisionner quotidiennement toute la région.

– Mais alors, comment as-tu fait pour le convaincre ?

– Je n'ai rien fait, il a tout fait tout seul.

– Arrête de me faire marcher… »

Voyant l'air menaçant de Caroline, il lui expliqua enfin. « Visiblement, il y a un autre aspect qui pousse les gens à accepter le changement, un aspect auquel nous n'avions pas pensé – l'aspect négatif du non-changement.

– Qu'est-ce que tu veux dire ?

– Rappelle-toi notre comparaison. Nous sommes au pied d'une montagne, au sommet se trouve la poule aux œufs d'or. Pour décider si oui ou non nous allions attaquer l'escalade, nous avons regardé la taille de la poule et l'avons comparée à l'effort nécessaire pour grimper. Eh bien imagine qu'il y ait des alligators là où nous sommes, au pied de la montagne. Alors nous allons décider de grimper quelle que soit la taille de la poule, même si l'escalade est épuisante.

– Tant que l'escalade est moins douloureuse que de faire face aux alligators, approuva Caroline. Mais qui sont les alligators qui menacent Roger ?

– Apparemment, Roger n'est pas du tout satisfait de la situation actuelle. En fait, il la déteste ! Les magasins ont plus de stock que lui et pourtant ils ne cessent de le rendre responsable des ruptures de stock, comme s'il y pouvait quelque chose.

– Bizarre, répondit-elle. Elle réfléchit un instant, la bouche pleine de poulet cajun, et poursuivit. Donc le changement a un aspect positif et un aspect négatif.

Mais nous venons de comprendre qu'il y avait aussi un côté négatif au non-changement. Mais alors c'est qu'il y a un aspect positif aussi, non ?

– Pourquoi ?

– Question de symétrie. »

Paul haussa les épaules et continua :

« Enfin bon. Pour fusionner mon stock avec son stock général, Roger exige que ce soit fait aussi au niveau comptable.

– En théorie, il a raison. Mais vous ne pouvez pas faire ça sans l'accord de Martin. »

Paul, sourire aux lèvres, hocha la tête :

« Exactement, chérie. C'est pourquoi je lui en ai parlé.

– Ton collègue préféré…, taquina-t-elle.

– Apparemment, même si la poule aux œufs d'or est gigantesque pour lui, en tant que directeur régional, même s'il n'aura pas à en souffrir, Martin étant ce qu'il est, s'est prononcé contre le changement.

– Paul, ne me ramène pas à cette vieille rengaine : les gens résistent au changement à cause de ce qu'ils sont…

– Mais certaines personnes sont plus conservatrices que d'autres.

– Oui. Mais cette résistance doit avoir une raison. Si ce n'est pas la peine engendrée par le changement, alors qu'est-ce que c'est ? Martin a-t-il justifié sa position ?

– Il m'a fait un sermon, du genre on ne change pas un système qui gagne.

– Attends, ça n'est pas un sermon. C'est le chaînon manquant. Le côté positif du non-changement, qu'on cherchait tout à l'heure. »

Paul réfléchit tout haut :

« Martin considère que ses ventes et ses bénéfices sont confortables. Alors même si ma poule aux œufs d'or est séduisante, il a une bonne raison de ne pas vouloir le changement, une raison qui l'empêche d'escalader la montagne. C'est comme une sirène qui l'attirerait près de l'eau.

– Waouh, Peter Pan ! Caroline se mit à rire. On dirait que ce n'était pas une partie de plaisir. Une poule aux œufs d'or, de dangereuses aventures, un crocodile et une sirène, tout cela pour préparer le grand « finale » où tu as rencontré ta Nemesis, le capitaine Martin Crochet ! Comment t'en es-tu sorti ?

– J'ai mis en valeur la taille du trésor potentiel et minimisé le risque au maximum, expliqua Paul en mimant un duel à l'épée. J'ai proposé d'utiliser mon magasin comme pilote. Juste mon magasin, pendant une période définie. Comme ça, il sera rassuré : ça marchera, et ça sera à la fois stable et fiable.

– Ingénieux ! dit Caroline en souriant. Et ça a marché ?

– Bien sûr.

– Tu sais, chéri, dit Caroline, j'aurais dû faire attention : lorsqu'on juge un changement, il n'y a pas qu'un seul aspect, pas deux, mais quatre aspects bien différents. Imagine le temps, la sueur, le sang et les larmes que j'ai gâchés autrefois à essayer de forcer les gens à faire ce que je leur demandais, et tout cela n'était que poussière finalement. Si je m'étais préparée comme il faut, j'aurais mieux réussi. J'aurais dû réfléchir et déterminer sur quel élément j'allais me concentrer, au lieu de me brancher sur celui qui me semblait le plus important.

– Oui, c'est vrai, concéda Paul. Ces éléments, et le risque ou les bénéfices qu'ils engendrent, diffèrent en fonction du poste occupé. Roger, Martin et moi – nous avions chacun une vision différente de chaque aspect du changement, même si nous regardions les mêmes données, et leurs effets sur le même système.

– Si on veut que les gens acceptent les changements, il vaut mieux bien se préparer, conclut-elle. Tu ne crois pas ?

– Ne crains rien, tu m'as persuadé, dit-il, et il se leva. Un petit dessert ?

– Est-ce vraiment la peine de demander ? »

S'il y avait une chose que Ted détestait sur le quai de chargement, c'était l'horrible bruit du tapis roulant. Tout en s'efforçant de faire comme si ça ne le faisait pas grincer des dents, il relut la liste pendant que deux employés disposaient des cartons sur le diable :

« Il nous manque des choses, dit-il.

– Pas ma faute, je suis le chauffeur : telle fut la réponse impatiente qu'il reçut.

– Je sais, désolé », répondit Ted.

Il fronça les sourcils. Chaque jour, il manquait quelques articles de plus à l'envoi, alors qu'ils avaient été commandés. La liste de ces références faisait maintenant plus d'une page.

Paul avait été clair : il était capital d'avoir aussi peu de ruptures de stock que possible. Il faudrait qu'il en parle à son patron.

Paul sonna chez les Wood. C'était son tour d'emmener les filles au cours de danse.

« Salut Paul, salut Lisa. Vous êtes un peu en avance. Nikki est presque prête. » Liz ouvrit la porte et Lisa se précipita à l'étage pour voir où en était son amie. « Eh bien entrez !

– C'est Paul ? s'écria Roger. Paul suivit le son de la voix jusqu'à la cuisine et trouva son ami enveloppé dans un tablier de cuisiner, en train de couper des légumes. Paul saisit une poignée de bâtonnets de carotte, sans prêter attention au regard noir de Roger.

– Le tablier te donne un air viril, ricana Paul. Il existe en d'autres nuances de rose ?

– On ne se moque pas d'un homme qui tient un couteau, répondit Roger en riant et en s'adonnant avec ferveur au tranchage d'un oignon.

– Dis-moi, pendant qu'on y est, on peut parler boulot ? demanda Paul.

– Attention, si tu continues tu vas ressembler à ton beau-père, dit Roger, moqueur. Allez, vas-y.

– Depuis notre discussion de la semaine dernière, on a surveillé de près les ruptures de stock. Et lentement mais sûrement, leur nombre augmente. Tous les jours il nous manque trois ou quatre articles de plus, dit Paul.

– Et ça t'étonne ? demanda Roger. « Je te l'ai dit : je compensais tes références manquantes par mes surplus. Mais les surplus ne durent pas éternellement. Surtout si tu les vends si vite, ça n'est pas étonnant qu'il y ait de plus en plus de ruptures. »

C'était exactement ce que craignait Paul. La hausse soudaine des profits venait du fait qu'il y avait moins de ruptures. Et c'était dû au fait que Roger puisait la marchandise dans ses surplus. Au fur et à mesure que les surplus s'amenuisaient, le magasin revenait petit à petit à sa situation de départ. Paul en avait conclu qu'il restait une chose à faire. Il était venu un peu plus tôt dans l'espoir qu'il pourrait convaincre Roger.

« Je me demandais si tu pouvais demander aux autres dépôts régionaux d'autres références. Il y en a 9 en tout, il doit bien y en avoir 1 ou 2 qui disposent d'un stock important des références qui nous manquent. Et partout, il doit y avoir des surplus. Tu pourrais organiser des échanges ?

– Tu es sérieux ? répliqua Roger. Je ne peux pas demander d'échange juste pour les quantités dont tu as besoin à Boca. Ca ne vaut pas la peine.

– Roger, réfléchis, plaida Roger, sachant qu'il ne devait pas s'attaquer à la personne, mais plutôt lui exposer les mauvais rapprochements qui faisaient que Roger sous-estimait le positif en surestimant le négatif. Ne pense pas en termes de petites quantités quotidiennes. Les quantités que tu m'envoies tous les jours sont petites, mais les quantités que je vends chaque mois ne le sont pas. En plus, le fait que ces articles soient complètement en rupture signifie que ces articles se sont bien vendus dans toute la région ! Ce sont les articles que les gens veulent vraiment ; les vedettes que nos patrons aiment tant. Ne commande pas de petites quantités – prends-en autant que tu peux. Tout ce que tu pourras récolter des autres dépôts se vendra, et vite, tu n'as donc pas à t'en faire pour les surplus. C'est bon pour toute la région, pas seulement pour mon magasin !

– Je vais voir. »

Roger le poussa sur le côté. Il n'était pas convaincu de la nécessité de consacrer tant de travail pour un résultat aussi insignifiant.

Voyant que son ami ne voulait pas s'engager, Paul continua :

« Mon magasin pourrait constituer un indicateur de vedettes ! Si on demande une référence, et qu'il ne te reste que des surplus, ça signifiera que c'est une vedette et que tu dois faire des échanges autant que tu peux. N'attends pas de ne plus en avoir du tout.

– OK, OK. Roger se mit à hacher du céleri.

– Vraiment ? dit Paul, incrédule. Eh bien il n'aura pas fallu longtemps. Te connaissant, j'étais sûr que tu me sortirais toutes sortes d'arguments de derrière les fagots : logistique, coûts de transport… Tu te ramollis avec l'âge.

– Parle plus fort, jeune homme, je n'entends pas. Roger se mit à rire. Sérieusement, maintenant que tu m'as obligé à y réfléchir, je suis sûr qu'il ne me faudra que quelques coups de fil. Il est évident que je vais trouver suffisamment de surplus dans un dépôt sur deux. Et puisque je ne chercherai pas une seule référence mais toute une liste, l'échange fera probablement plus qu'un camion.

– Alors tu t'en occupes dès demain matin ? » demanda Paul en sortant vite fait de la cuisine pour éviter un oignon volant. Il appela du bas de l'escalier : « Hé les filles, vous allez être en retard ! »

# Chapitre 12

L'avion avait atterri juste avant 7 heures du matin. Deux heures plus tard, Caroline coinçait Pandey dans ses locaux de New Delhi.

« Regardez ça », et elle balança sur la table de réunion deux serviettes provenant de sa dernière livraison. « Regardez bien », demanda-t-elle. Seul un observateur attentif aurait pu percevoir la légère différence de teinte. « L'une est jaune, l'autre orange. Vous m'aviez promis que votre assurance qualité était top-niveau. Je ne peux pas vendre des nappes et des serviettes désassorties ! »

Plutôt que d'argumenter, le fabricant indien s'excusa. « Je suis désolé, vraiment. Je vous promets que cela ne se reproduira plus.

– Comment ça ? rétorqua Caroline sèchement. Donnez-moi une bonne raison pour continuer à travailler avec vous.

– Nous avons eu des problèmes de teinture, nous avons dû compléter votre livraison avec un autre lot. Ses sourcils épais étaient froncés au-dessus de ses lunettes de grand-mère. Mais je vous assure qu'on s'en est déjà occupé. Vous ne rencontrerez plus jamais ce genre de problème. »

Caroline ne répondit pas.

« C'est notre faute ». Il essayait de la calmer.

Consciente de sa position dominante dans cette discussion, elle continuait à le regarder fixement.

« Et nous allons compenser. » Avant qu'elle ait pu demander comment, il dit en hâte : « Puis-je vous montrer notre nouvelle collection, elle est fantastique ? »

Caroline accepta et mit la main sur les serviettes pour s'assurer qu'elles resteraient sur la table.

Deux heures plus tard, une fois tous les accords passés, Caroline ramassa les serviettes et dit : « Vous m'ajoutez 20 cartons du modèle à fleurs, gratuitement bien sûr, et nous essaierons d'oublier ce fiasco. »

Pandey hésita un moment, puis, avec un sourire d'appréciation face aux capacités de négociation de Caroline, il répondit : « Je vous suis très reconnaissant. »

Assise à l'arrière de la voiture, Caroline regardait le paysage et s'étonnait de la transformation rapide des terres rurales en territoires fortement urbanisés. La société occidentale était en train d'infiltrer cette nation asiatique à tous les niveaux. Au moment où passait un train de marchandises plein, elle reçut un appel de son assistant à Miami.

« Bonjour Caroline. Qu'est-ce que c'est que ce bruit ? demanda Matthew.

– Je suis sur la route, je reviens de l'usine de Dhonsi, de l'autre côté de Pune, expliqua-t-elle. Je suis crevée.

– Après une visite dans une usine de tissu ? Que vous a-t-il fait, il vous a installée trois heures devant une machine à coudre ?

– Si seulement ! plaisanta Caroline. Au moins j'aurais été assise. Après deux heures de trajet – et ne me poussez pas à parler de la conduite des Indiens – Dhonsi a insisté pour me montrer les moindres recoins de son usine. Ça a pris deux heures de plus.

– Mais pourquoi vous infliger une telle torture ? demanda Matthew.

– Pour montrer pourquoi ses tissus coûtent si cher, expliqua Caroline. La dernière fois que nous avions parlé, j'ai essayé de faire baisser les prix ; j'imagine qu'il s'est vengé ! J'ai les chevilles en compote. Je suis convaincue que ses tissus valent leur prix, ou tout au moins convaincue que je ne veux pas d'autre visite guidée !

– Ma pauvre, consola Matthew.

– Remarquez, j'ai quand même réussi à gagner 2 % de plus ! Au fait, vous m'appelez pour quoi ?

– Rhianna a téléphoné. Caroline sentit sa voix vibrer. Ils ne peuvent pas livrer les tapis de bain à temps. Ça recommence.

– Ça fait trois fois, c'est terminé, affirma Caroline en serrant les dents. Dites-lui qu'il y a rupture de contrat, et que c'est fini pour nous.

– Vous plaisantez ? Matthew était pour le moins direct, mais il rééquilibrait la situation par son engagement au travail. Et par le fait que son avis en matière de tenues vestimentaires était inestimable. Elle est tellement gentille. Donnez-lui un peu de temps !

– Non Matt. La petite Miss Arizona doit apprendre ce que c'est qu'un délai.

– Je vous promets que je vais lui faire la morale, mais nous avons vraiment besoin de ces tapis de bain.

– Vraiment ? Combien de dépôts sont en rupture de stock ? J'attends votre rapport complet en arrivant dans ma chambre d'hôtel.

– Ce qui me laisse…

– Cinq minutes, dit Caroline en souriant.

– Comme d'habitude : trois camemberts, sept diagrammes et une statue de glace en forme de cygne ?

– Avec des frites. »

De retour à la métropole indienne, Caroline avait juste le temps de prendre une douche et de se changer avant sa dernière réunion de la journée. Elle fredonnait en s'habillant. Puisqu'elle dînait ce soir avec un nouveau fournisseur potentiel, elle se décida pour un superbe ensemble pantalon bleu nuit. Elle n'avait rien à perdre, et en tant que nouveau client potentiel, elle avait l'avantage.

Pradeep l'attendait lorsqu'elle arriva au restaurant chic de l'hôtel. D'une certaine manière, se dit Caroline, la combinaison cuisine indienne et « chic-post-moderne » n'était pas vraiment une réussite. Même si son partenaire de dîner avait une cravate colorée, sa veste noire indiquait qu'il se concentrerait sur le business.

En mangeant les entrées, ils discutèrent des tendances générales de la profession, gagnant du temps avant le début du duel. Caroline avait déjà choisi un certain nombre d'articles et de motifs pour Hannah's Shop, mais c'était agréable de trouver des lacunes dans ses arguments sur le caractère unique de leurs designs et de leurs produits. Au moment du café et du dessert, il était temps de passer aux choses sérieuses. Dans la grande tradition du commerce, ils commencèrent à marchander :

« C'est un coup d'essai, nous prenons un gros risque, affirma Caroline. J'aime le toucher de vos torchons écossais, mais 85 cents pièce, c'est beaucoup trop.

– Mme White, nous aimerions beaucoup vous compter parmi nos clients, mais nous utilisons les meilleurs matériaux, et comme vous le savez, les salaires grimpent vite. Son adversaire avait choisi une approche traditionnelle.

– À 85 cents, je ne me risquerai pas à acheter 300 cartons. Proposez-moi un bon prix, et pas ce prix ridicule, et je monterai à 500 cartons. » Elle arbora son sourire de tigresse. Elle obtiendrait le meilleur prix, même si elle devait monter les quantités.

Le jeune vendeur n'était pas étonné. Au contraire, la possibilité d'une plus grande quantité allait dans le bon sens pour lui :

« Quel prix avez-vous en tête ?

– Nous parlons de torchons, pas de draps. 52 cents me semblent plus appropriés », dit Caroline sans pitié.

Le jeune homme prit un air choqué. « Nous ne pouvons pas vendre à un prix inférieur au prix de revient. »

Caroline ne fut pas impressionnée par cette performance. Elle se contenta de sourire avec cynisme.

« Je peux aller jusqu'à 82 cents. » Le vendeur tentait sa chance.

« 500 cartons... » répondit Caroline en chantonnant.

« 79 cents. »

Caroline fit signe au garçon pour lui demander l'addition :

« OK, OK. Je crois que je peux aller jusqu'à 75. Mais ça va me coûter une commission.

– 65, et si vous me faites l'ensemble de deux maniques à 1,95 dollar au lieu de 2,25, je vous en commande cent cartons.

– Vous me torturez. Pradeep se tordait les mains. 30 cents, la baisse est trop importante. On peut aller jusqu'à 2,10, et encore...

– Arrondissez à 2 dollars, et je vous commande douze douzaines de votre « tenue cuisinier », la blouse et la toque, offrit-elle. Ajoutés à vos autres produits, ce sera la cerise sur le gâteau.

– C'est vendu ! 70 pour les serviettes, 2 dollars pour le lot de deux maniques et 10 pour la tenue cuisinier. Le vendeur était plus que satisfait. Pour une première négociation avec Hannah's Shop, il avait récolté une grosse commande.

– Pas si vite, s'interposa Caroline. Vu la quantité que je commande, je paierai les torchons 67 cents.

– Vous êtes dure en affaires, dit-il sérieusement. Il hésita quelques instants, sourit : Marché conclu ! »

Ils se serrèrent la main pour sceller l'accord :

« Je vous fais porter les documents demain matin à votre hôtel, à la première heure.

– C'était un plaisir de négocier avec vous, Pradeep. J'espère que nous aurons beaucoup d'autres occasions dans l'avenir. »

Après son départ, Caroline resta assise quelques instants pour profiter de la soirée et de la vue sur le grand patio. Elle était contente d'elle. C'était pour cela qu'elle aimait tellement son travail. Elle savait que personne d'autre n'aurait pu négocier un tel marché pour Hannah's. Non seulement elle avait réussi à obtenir une substantielle baisse de prix, mais elle avait aussi ajouté un nouvel accessoire, la « tenue cuisinier », dont elle était sûre qu'elle ferait un tabac.

Elle n'était pas prête à prendre la place de son père, mais au moins elle connaissait les achats sur le bout des doigts. Dans ce domaine, elle ne faisait que ce qui était juste pour l'entreprise.

La foire commerciale était un arc-en-ciel de couleurs, de stands et de podiums décorés pour inciter les acheteurs à regarder les marchandises exposées. Chemises brillantes à sequins, échantillons de draps de soie, collants soyeux couleur argent. Caroline était arrivée tôt le premier jour de l'IndiTextile Exposition, et arpentait les allées qui quadrillaient le grand hall, accompagnée par l'acheteuse de Florida Fashions. Julie était le genre de relation qu'elle voyait à Bombay mais avec laquelle elle ne déjeunait jamais une fois rentrée, bien qu'elle habitât la même ville.

« Nous utilisons un logiciel ultramoderne pour accélérer le processus, » disait une voix provenant de dessous un turban. « Emportez donc un échantillon, avec mes coordonnées, je me tiens à votre disposition, OK ? »

– Regarde, Caroline, dit la blonde platine, ils ont des draps et des pyjamas « superhéros ». Tu pourrais peut-être les vendre en lots ?

– Arrête de me faire marcher, répliqua Caroline tout en notant des informations sur son PDA. Elle prit ce que lui tendait le vendeur et répondit à son amie. Tu sais bien qu'on ne fait pas d'habillement. C'est presque aussi risqué que de changer de couleur de cheveux. Allons-y, il y a plein de choses à voir, et peu d'heures dans une journée.

Elles descendirent une allée, à la recherche de Baruah Textiles, une entreprise qui leur avait été recommandée par une relation commune. C'était toujours intéressant de découvrir un nouvel acteur sur le marché. En plus, elle avait appris que Craig's, leur plus gros concurrent en Alabama, avait déjà fait affaire avec eux.

Elles finirent par trouver Baruah sur un petit stand au beau milieu d'un vaste espace d'exposition. La jeune femme qui s'y trouvait s'excusa de cette voix chantante qui caractérise les Indiens. « Avec toute cette logistique, nous n'avons pas nous organiser à temps pour l'ouverture. Mais le camion est en chemin, et tout sera prêt demain matin. »

Sachant qu'il n'y aurait pas de demain matin pour elle, Caroline se mit à réfléchir : s'ils avaient tant de mal à acheminer des marchandises à l'intérieur du pays, qui sait quels problèmes surgiraient quand il s'agirait d'expédier à l'étranger. Mieux valait ne pas travailler avec des fournisseurs mal organisés. Julie et Caroline passèrent leur chemin.

# Chapitre 13

« Paul, Bob, de la compta en ligne. »

Trois semaines s'étaient écoulées depuis que Bob lui avait donné la bonne nouvelle. Paul, se demandant de quoi il voulait lui parler, lui répondit : « Bonjour Paul, comment ça va ?

– Très bien, Paul, très bien. Bob avait une voix inquiète. Et de votre côté, tout va bien ?

– Oui, tout va très bien.

– Tant mieux. Je peux vous poser une question ?

– Bien sûr, j'écoute !

– Il y a quelque chose de bizarre dans vos relevés, annonça prudemment le comptable. Nous essayons de comprendre d'où vient l'erreur. Mes données font ressortir un stock partiel pour le magasin de Boca Raton, à peu près un quart de ce qu'il devrait être. Vous avez eu un problème ?

– Non, pas de problème, sourit Paul. Nous avons transféré pratiquement tout l'intitulé du stock du magasin, en fait tout ce qui dépasse les vingt jours, au dépôt régional. »

Que se passait-il, se demanda Bob. D'abord, un magasin ne pouvait pas fonctionner avec un niveau de stock si bas. Ensuite, le transfert fictif d'un intitulé d'inventaire confinait au délit. Ces deux données signifiaient, à son avis, que quelqu'un trafiquait les comptes. Néanmoins, et ce troisième point n'était pas négligeable, Paul était le gendre de M. Aaronson lui-même. Peut-être le feu vert avait-il été donné au plus haut niveau. Dans un tel champ de mines, il convenait d'avancer avec prudence.

« Ça n'est pas très régulier, répondit-il. Puis il demanda : Donc si je contrôle le stock du dépôt régional Floride sud, je trouverai le changement correspondant dans ses chiffres ?

– Oui, bien sûr ! répondit Paul. Enfin, en principe.

– Paul, dit Bob, mal à l'aise, vous êtes conscient que ce transfert d'intitulé n'est pas conforme avec notre pratique comptable. Une telle démarche exige l'accord de la direction. »

Bien longtemps auparavant, Paul avait conclu que les comptables vivaient dans un monde bien à eux, un monde de règles et de réglementations. D'un ton uni, il commenta :

« Ça a été approuvé par Martin Langley, le directeur régional.

– J'ai peur que ce ne soit pas suffisant. Sachant que les managers avaient tendance à refuser ce genre d'argument, Bob précisa : Il va falloir que j'en réfère à mon supérieur. »

Paul se refusait à demander qui avait le pouvoir d'autoriser ce type d'action, car il craignait qu'il ne s'agisse du directeur général. Paul savait parfaitement que les chances pour que Christopher les autorise à fonctionner de cette façon peu orthodoxe avant d'avoir démontré des résultats durables étaient pratiquement nulles. L'intervention de Bob pouvait réduire à néant ses efforts et ceux de Roger. Fichue bureaucratie !

Il demanda poliment :

« Pourquoi l'accord de Martin ne suffit-il pas ?

– En dehors de circonstances spéciales, qui doivent être dûment documentées et qui exigent l'accord de la direction, nos procédures imposent que tous les stocks soient enregistrés en fonction de leur localisation physique. »

Paul éleva insensiblement la voix : « Mais le stock se trouve véritablement au dépôt régional.

– Les stocks ont été physiquement transférés de votre magasin au dépôt ? À l'évidence, Bob avait du mal à le croire. Dois-je comprendre que le magasin fonctionne actuellement sur un stock pratiquement nul ?

– Si pour vous, un stock correspondant à vingt jours de ventes est pratiquement nul, eh bien oui, répondit Paul. Pour nous, cela fait beaucoup. Vos chiffres vous l'ont montré, nous étions numéro un le mois dernier.

– Je ne comprends pas, répondit Bob. Le mois dernier, vous avez fait un superbe chiffre. Mais qu'est-ce que ça a à voir avec le transfert du stock ? Selon les chiffres, ce transfert s'est produit au début de ce mois-ci. »

Bob n'était pas bien haut dans la hiérarchie, mais s'il démarrait une enquête, cela attirerait fatalement l'attention de Christopher. Paul inspira profondément et expliqua :

« Bob, vous savez sans doute qu'il y a deux mois, j'ai eu une inondation dans mes réserves. Plutôt que louer un entrepôt au prix fort, j'ai décidé de transférer temporairement une grande partie de mon stock au dépôt régional.

– Je vous suis, dit Bob.

– Depuis, continua Paul, mon magasin ne stocke que l'équivalent de 20 jours de vente. Encouragés par les résultats du mois dernier, nous avons décidé de poursuivre l'expérience jusqu'à nouvel ordre.

– Mais c'est un changement permanent que vous m'annoncez là, s'exclama Bob. Il faut l'enregistrer dans les règles.

– C'est exactement ce que nous avons fait.

– Je vois. Donc aujourd'hui les chiffres reflètent le transfert qui a été effectivement réalisé il y a deux mois.

– Voilà.

– Bon sang, alors ces chiffres sont réels ! Bob était soulagé d'avoir élucidé son mystère.

– De quoi parlez-vous ? demanda Paul.

– Je suis très étonné. J'ai surveillé votre magasin. Votre augmentation des bénéfices a bien sûr amélioré votre ROI. Mais maintenant que vous avez réduit votre stock, votre ROI crève les plafonds ! Je n'ai jamais rien vu de tel !

– Merci, dit Paul. C'est gentil de m'en informer.

– Pensez-vous pouvoir maintenir ces chiffres ?

– J'en ai bien l'intention.

– Waouh, c'est incroyable dit Bob, épaté. Vous êtes toujours le premier de toute la chaîne en termes de profitabilité, et maintenant, avec ce ROI, je pense que je vais parier sur vous !

Plus tard ce soir-là, la famille White s'adonna à une visioconférence entre Miami et Bombay. Quand les enfants eurent fini de raconter leur journée scolaire et sportive, ainsi que leurs disputes familiales, Paul les envoya se préparer pour le coucher. Une fois que Ben et Lisa eurent quitté le bureau lumineux, Paul dit : « Chérie, je te rappelle que demain soir Lydia nous emmène voir le Miami City ballet. Je ne comprends pas pourquoi je vous ai laissées, elle et toi, me convaincre d'autoriser les enfants à y aller. Après tout, il y a école le lendemain.

– Ben continue à ronchonner ?

– Oui, dit Paul avec un sourire ironique. Il traîne dans la maison en grognant que la danse classique, c'est pour les filles, en râlant parce que je ne l'autorise pas à prendre son lecteur MP3. De toute façon, je ne suis pas sûr qu'on pourra se parler avant que tu ne partes travailler.

– Oui, mon chéri, répondit-elle, son sourire illuminant l'écran de l'ordinateur. J'ai mis un rappel sur mon PDA : Ne pas réveiller avant huit heures.

– Tu peux vraiment te lever si tard ? dit-il en riant. Je pensais que tous les matins tu sautais de ton lit et que tu courais faire les magasins avec Julie !

– Si seulement ! répondit-elle. La foire n'était pas formidable. C'était bien mieux l'année dernière. Comment ça va à Boca ?

– Eh bien aujourd'hui cet enquiquineur de la compta, Bob, m'a rappelé pour me faire la leçon au sujet du transfert de mes stocks dans la compta de Roger. » Paul raconta la conversation à Caroline.

Quand il eut fini, elle ajouta :

« Quelle amélioration pour ton ROI ?

– Il n'a pas donné de chiffre. Il m'a juste dit qu'il n'avait jamais rien vu de tel. Mais je peux te donner une estimation à peu près exacte. Ma rentabilité était environ trois fois celle d'un magasin moyen, et mes stocks environ quatre fois moins que ce qu'ils étaient.

– Ce qui amène ton ROI à plus de dix fois ce qu'il était avant, calcula Caroline.

– Dix fois, dit Paul avec une fausse modestie évidente. C'est pas joli, ça ?

– Joli, juste joli ? Paul, mais c'est incroyable ! Caroline ne comprenait pas l'indifférence de son mari.

– Et moi qui pensais que les comptables étaient les seuls à être fascinés par les chiffres, remarqua Paul en riant. J'avais oublié que les cadres aussi aiment bien jouer avec ça.

– Paul, tu te rends compte à quel point c'est important ? Caroline était surprise.

– Franchement, non, reconnut Paul. Je ne vois pas de raison de s'énerver. Chérie, laisse-moi terminer. L'augmentation du profit est réelle, mais ce n'est pas le cas de la réduction des stocks.

– Que veux-tu dire ?, demanda Caroline, interrogative. Tu viens de me raconter que le ROI de ton magasin est dix fois plus important que celui de tous les autres.

– Oui, c'est vrai, répondit Paul. Et après ?

– Mais enfin, c'est très important, argumenta Caroline. Regarde le global…

– Chérie, si tu regardes le global, le stock que nous avons retiré de mon magasin se trouve maintenant dans l'entrepôt de Roger. La valeur de la marchandise s'est simplement déplacée d'une poche de l'entreprise à une autre, donc le ROI de l'entreprise reste le même. Je ne comprends pas pourquoi ça t'excite autant.

– Paul, tu peux me croire, à la direction, le ROI est encore plus important que le profit.

– Si tu le dis… »

Caroline comprit qu'elle n'avait pas su convaincre son mari. Si elle avait pu, elle aurait traversé l'écran de l'ordinateur pour secouer Paul un bon coup. « Pourquoi je m'excite là-dessus ? Mais parce que cette hausse du ROI est aussi importante que l'augmentation des ventes. Elle a des implications immenses sur les capacités d'expansion de la chaîne. »

Puis elle prit un ton suppliant pour essayer de toucher sa tête de mule de mari : « Paul, tu ne vois pas que les performances de ton magasin démontrent de façon magistrale qu'un magasin peut fonctionner efficacement avec un quart du stock habituel ? Nous pourrions ouvrir d'autres magasins avec une partie seulement de l'investissement. Avec un tel ROI par magasin, le capital passera comme une lettre à la poste.

– Oh, je vois ce que tu veux dire, dit Paul. À cet égard, Caroline avait raison. Désolé, mais la mesure du ROI m'a perturbé. Je suis un opérationnel, je vois mieux les choses si j'utilise une comparaison – la rotation du stock. Mais c'est aussi parce que je suis un opérationnel que j'ai amélioré le fonctionnement du magasin. Ça a boosté la rotation du stock. Tu as raison, c'est important, vraiment important. »

Caroline sourit sur l'écran. « J'ai hâte d'en parler à Papa. »

La réticence de Paul à l'idée d'utiliser un raccourci familial provoqua une réaction instinctive.

« Je préférerais que tu attendes, dit-il, et il ajouta : le problème est que je ne peux pas me permettre de rater mon coup, même sur un mois. Un mauvais mois, une baisse dans les chiffres et Martin nous forcera à revenir en arrière. Et tout sera perdu.

– Que peux-tu faire pour garantir que Martin ne débranchera pas la prise ? Tu veux que je lui parle ? Caroline commençait à s'inquiéter.

– Chérie, pour l'instant laisse-moi m'en occuper, dit Paul d'un ton déterminé.

– Mon héros, dit-elle, et elle lui envoya un baiser. Désolée, il faut que je me dépêche, sinon Julie va me plonger dans un bain de curry épicé. En tout cas, bravo. Bonne nuit, mon amour.

– Et bonjour à toi. »

# Chapitre 14

Ted venait de s'acheter des yaourts glacés à l'un des stands colorés du centre commercial de Boca Beach. Sa petite amie lui avait fait une réflexion sur sa ligne, il avait donc réduit sa consommation de crème glacée. Pour l'heure, son yaourt à la mûre, à l'amande et au caramel était succulent. Il était en train d'en enfourner une cuillerée dans sa bouche, quand il entendit deux voix familières qui approchaient de la zone alimentaire.

« Je suis passé près du nouveau centre commercial après le travail, vendredi, dit Javier à Isabella, il y a trois nouveaux magasins en construction. Je suis sûr qu'ils auraient bien besoin d'une bonne vendeuse comme toi.

– Merci, dit Isabella, Je vais regarder. Janine et toi, vous avez des pistes ? »

Ted fut étonné : apparemment, trois des responsables de département du magasin cherchaient du travail ailleurs. Il s'avança vers eux et demanda : « Vous parlez de quoi ? »

Isabella eut l'air embarrassé, mais finit par répondre : « On s'est dit que comme le magasin allait bientôt fermer, on ferait mieux de faire un peu de veille.

– Mais le magasin ne va pas fermer, dit Ted calmement. Paul en aurait parlé : il est franc comme l'or. En plus, nous n'avons pas eu de promo de cessation d'activité.

– Les actes parlent mieux que les mots, répondit Javier. Les réserves du sous-sol sont à nouveau utilisables depuis deux semaines. Même Kaffee Books, qui a pourtant dégusté lors de l'inondation, a repris son activité normale.

– Nous sommes les seuls à avoir des réserves vides, les seuls dont l'espace de surplus est vide, ajouta Isabella. Paul n'a pas rapatrié notre stock, et il ne peut y avoir que deux explications à cela. Soit le magasin s'oriente vers une clientèle plus chic, soit il ferme. Et nous savons tous que la marchandise n'a pas changé. Dans un mois, au plus, les pancartes « Cessation d'activité » seront là.

– Je ne crois pas, dit Ted, mais il n'en était plus aussi sûr qu'à son réveil. S'il vous plaît, évitez de parler si fort, ce genre de rumeur pourrait bien ruiner la réputation du magasin.

– Réputation, mon œil, dit Javier. Tu veux que je regarde si je vois des postes d'assistant manager ?

Ted frappa à la porte du bureau de Paul. Ce dernier leva la tête des chiffres qu'il avait notés sur des morceaux de papier.

« Je vous dérange ? demanda Ted. Je ne voulais pas vous ennuyer…

– Non, non, Paul fit signe d'entrer à son responsable de rayon. Au contraire. Je travaille à un projet sur lequel j'aimerais bien avoir votre opinion. »

Appréciant le compliment implicite, Ted entra, tête haute.

« Je voudrais que vous m'aidiez à trouver une solution pour réduire nos stocks », dit Paul

Soudain, les épaules de Ted s'affaissèrent.

« Réduire nos stocks ? demanda-t-il, choqué. Donc les chefs de département avaient raison ? Vous allez fermer le magasin ? »

Paul se mit à rire. « Fermer le magasin ? Qu'est-ce que c'est que cette histoire ? Nous sommes le magasin le plus profitable et le plus efficace de la chaîne ! Pourquoi fermerions-nous le magasin ? »

Ted, embarrassé, rougit. Paul continua, et fit signe à Ted de s'asseoir :

« Voilà mon idée. Je sais que nous pourrions être encore plus efficaces. Quand j'ai accepté de ne conserver que vingt jours de stock, je savais que c'était trop. La question maintenant est de savoir de combien je dois réduire.

– Je ne comprends pas comment faire baisser le stock peut contribuer à notre succès, dit Ted. Si nous n'avons pas ce dont nous avons besoin, ça ne fera que réduire les ventes. Et sans ventes, nous perdrons notre première place, c'est certain.

– Ce serait le cas si nous réduisions les articles dont nous avons besoin, expliqua Paul. Vous avez raison, réduire les stocks ne contribuera pas à augmenter la rentabilité, mais cela améliorera la rotation du stock. »

Voyant l'expression de doute sur le visage de son collaborateur, Paul essaya une autre approche.

« Tout commerçant devrait essayer d'améliorer sa rotation, on est bien d'accord ?

– Oui, bien sûr.

– Pourquoi ? Nous connaissons tous les deux la réponse ; mais pourriez-vous l'expliquer en quelques mots simples. »

Ted trouva l'exercice plus difficile qu'il ne l'aurait pensé. Après plusieurs faux départs, il s'exprima clairement. « En tant que détaillants, nous achetons et vendons exactement ce que nous avons acheté. Quand nous achetons, nous investissons. Nous ne gagnons de l'argent que quand nous vendons.

– Exact, Paul l'encouragea à continuer.

– Supposons que nous achetions au début de l'année et que nous ne vendions qu'à la fin de l'année, nous ne gagnerions de l'argent qu'une seule fois. »

Paul renchérit :

« Dans le cas dont vous parlez, nous n'aurons eu qu'une seule rotation. Et que se passerait-il si le commerçant était plus efficace ; supposons qu'il réussisse à boucler son cycle d'achat et de vente en six mois ?

– Il doublerait son profit avec le même investissement.

– Exactement. »

Curieux, Ted demanda : « Quelle est la rotation au magasin ?

– Pour calculer la rotation du stock, la compta divise les ventes annuelles du magasin par le coût moyen du stock que nous détenons. Dans la mesure où nous détenons en moyenne 4 mois de stock, et où notre marge est d'environ 100 %, notre rotation traditionnelle est d'environ 6 par an. »

Le visage de Ted s'éclaira et il dit :

« Et maintenant, nous avons réduit notre stock à environ 1/5^e^ de ce qu'il était. Et nous avons augmenté nos ventes. Donc notre rotation dépasse les 30 par an. Waouh ! Bientôt, nous atteindrons des chiffres que seul un supermarché peut obtenir !

– Oui, Ted, répondit Paul. Il sourit, car Ted bondissait littéralement sur son siège. Nous gérons maintenant le magasin le plus efficace de toute la chaîne. Mais je pense qu'on pourrait faire mieux. Il nous reste toujours du surplus de stock.

– Mais patron, nous pouvons sûrement augmenter notre rotation sans pour autant inquiéter tout le personnel des ventes. Ted savait bien que l'idée de

Paul ne plairait pas à tout le monde, et qu'il faudrait remédier à la situation. Augmentons les ventes, au lieu de baisser les stocks.

– Comment ?, rétorqua Paul. Ne me proposez pas une de ces promotions coûteuses. Nous avons augmenté nos profits justement parce que nous n'avons pas augmenté nos dépenses.

– Je ne vous parle pas d'augmenter les dépenses. Je voudrais que nous limitions encore plus nos ruptures de stock.

– Et comment cela ? demanda Paul. Grâce à Roger, nous n'en avons presque plus. De ce côté-là, je crois que nous avons bien trait la vache à lait ! »

Le manager choisit soigneusement ses mots et dit :

« Patron, vous me dites que nous n'avons presque plus de ruptures. Pour être franc, je dois vous dire qu'il y en a encore pas mal.

– Oui, bien sûr, Paul agita la main en signe de manque d'intérêt. Bien sûr, nous avons encore des ruptures sur les références que Roger n'a pas en stock, mais nous n'y pouvons rien.

– Non, je ne vous parle pas de cela. Je vous parle de références que Roger a bel et bien en stock. »

Incrédule, Paul lui fit signe de poursuivre.

Ted inspira profondément et se jeta à l'eau. « Tous les jours il nous manque un certain nombre de références, ce qui signifie que nous ne pouvons pas en vendre avant d'avoir reçu le stock du lendemain. Sur certaines d'entre elles, nous sommes en rupture dès le matin. »

– Quoi ? Vous êtes en train de me dire que nous manquons de références qui se vendent bien ? Pourquoi est-ce qu'on ne m'a rien dit ?

– Monsieur, pour être franc, sans doute les gens ont-ils un peu peur de vous parler, vu notre dernière réunion », répondit Ted.

Paul prit son temps. Il s'adossa et réfléchit à ce que Ted venait de dire. Comment avaient-ils pu épuiser l'équivalent de 20 jours de vente en une seule journée ? Comment est-ce que cela avait-il pu se reproduire ? Il ne trouva pas de réponse et demanda : « Il s'agit des mêmes références qui manquent, jour après jour ? Ou bien s'agit-il de références différentes chaque jour ? Est-ce qu'on peut repérer une régularité, un mécanisme ?

– Je ne sais pas vraiment », admit Ted.

Paul poursuivit son interrogatoire. « Quand les responsables de département vous en font part, est-ce qu'ils mentionnent des références spécifiques ?

– En général oui.

– Et ce sont les mêmes à chaque fois ?

– Ça, je n'en suis pas certain, répondit Ted honnêtement. Donnez-moi un peu de temps pour enquêter.

– Non, c'est trop important, protesta Paul. Vérifions ensemble, tout de suite. Avez-vous en tête une référence d'un article en rupture, de préférence un qui aurait manqué le matin ?

– Oui, bien sûr. Vous voulez qu'on regarde ? »

Paul acquiesça, et Ted vint près de lui. Ses doigts coururent sur le clavier.

« Comme vous voyez, dit Ted en pointant l'écran du doigt, pour ces torchons rouges LP5, qui faisaient partie de la nouvelle collection, la cible à vingt jours est de neuf, mais à trois reprises pendant les deux dernières semaines, le stock à la fin de la journée était de zéro. »

Paul regarda les données et ajouta : « Et à l'exception d'une journée, tout au long de ces deux semaines le maximum qui nous soit resté en fin de journée était de trois. Un tel niveau de stock, en regard de la cible, aurait dû nous alarmer. Mais ce qui est important, c'est que ce n'est pas une question de variabilité. Si on démarre chaque jour avec 9 pièces, et qu'à la fin de journée il nous en reste 0, c'est que les ventes quotidiennes sont considérablement plus importantes que prévu. »

Ted revint à son siège et réfléchit à la conclusion de Paul. « Une cible de neuf unités pour vingt jours de vente signifie que le taux était censé être de moins d'une unité vendue en deux jours. Mais en fait, pendant les deux dernières semaines, nous en avons vendu plus de six par jour. Nom d'un chien, ce n'est pas une hausse de la demande, c'est une erreur, une grosse erreur. J'imagine que c'est parce qu'il s'agit d'une nouvelle collection, et la prévision était erronée. C'est ma faute, j'aurais dû vérifier.

– Tout va bien, Ted, dit Paul d'un ton apaisant. Nos prévisions sont loin d'être précises, mais je ne pense pas que ce genre d'erreur touche beaucoup de références. Pas plus de cinquante.

– Sûrement moins, acquiesça Ted en hâte. Je vais rectifier tout de suite. Et il ajouta, déçu : Même si cet article se vend bien, puisque le problème porte sur quelques références seulement, la correction n'affectera pas beaucoup les ventes. Bon, je pensais tenir une bonne idée. Je me suis basé sur la fréquence des réclamations des vendeurs, je n'ai pas pris la peine de vérifier quel était l'impact réel.

– Mais vous avez bien fait d'en parler, encouragea Paul. Même s'il ne s'agit que de quelques références, chacune d'entre elles doit agacer les responsables de département. Je devrais être moins borné, et écouter davantage. Fermement, il conclut : Mais il est impératif que nous corrigions très vite.

– Sans aucun doute, acquiesça Ted.

– Et plus important encore, dit Paul, vous venez de me montrer comment il fallait faire pour réduire le stock.

– J'ai fait ça, moi ?

– Réfléchissez à ce que nous venons de dire. Vous venez de me montrer que nous aurions dû être plus attentifs à un article dont chaque jour il reste très peu de stock ; très peu en fonction de sa cible. Nous en avons conclu que de telles situations devraient provoquer une alerte rouge, nous avertir que nous devons augmenter le stock cible.

– Oui, patron. Comme je vous l'ai dit, je m'en occupe tout de suite. Mais là nous parlons d'augmenter le stock », dit Ted, pour s'assurer qu'il avait bien compris.

Alva les interrompit en déposant sur le bureau un plateau avec deux tasses de café fumant et une assiette de cookies. En bon gentleman du sud, Paul la remercia et se tourna vers Ted.

« Eh bien, cela dépend, dit-il calmement. Parlons des cas contraires, des références qui sont en vert ; celles qui tous les jours terminent avec un stock relativement haut. » Désignant du doigt l'écran de l'ordinateur, il poursuivit. « Prenons par exemple ces tapis de bains, les roses. En moyenne, on en vend moins d'un par jour. Et pourtant nous en avons 15 en stock ! Le stock de fin de journée pour ces tapis n'est jamais descendu sous les 10 unités. À votre avis, que faut-il faire ? »

Comprenant où voulait en venir Paul, Ted ne voulut pas formuler lui-même la conclusion évidente ; Paul s'en chargea. « Vu que nous réapprovisionnons tous les jours, pourquoi demander à Roger de nous en envoyer 15 unités ? Une cible de 10, ou même de 5, ne serait-elle pas plus que suffisante ? »

Ted eut du mal à approuver tout de suite : « Je vais faire quelques calculs et voir si la logique tient la route.

– Très bien, dit Paul. Maintenant, parlons des références dont nous commandons plus de 50 exemplaires. Je parie qu'au moins la moitié de celles-là est en vert. Triomphant, il ajouta : Si nous ajustons les stocks cibles de façon plus précise, nous obtiendrons la réduction de stock dont nous avons besoin. »

Pour Ted, il était clair que Paul était bien décidé à réduire encore plus le stock. Sachant que cela renforcerait chez les employés la conviction que le magasin allait fermer, il tenta une tactique de *statu quo* :

« Ça ne suffira pas de corriger une fois. La consommation change avec le temps. Il nous faudrait un logiciel pour gérer les stocks cibles. Je vais voir comment on peut faire. Ça n'est pas simple, ça peut prendre du temps.

– Non, dit Paul. Je ne veux pas d'un système sophistiqué. Je veux quelque chose de simple, et qui fonctionne. Et je le veux tout de suite.

– Je ne veux pas me précipiter – sinon on risque de faire une erreur de plus, une erreur coûteuse », objecta Ted.

Persuadé qu'il comprenait les préoccupations de son employé, Paul voulut le rassurer. « On s'en occupe ensemble. Et j'assumerai toutes les erreurs.

– On commence quand ?

– Tout de suite. Et avant que vous ne posiez la question, nous savons par où commencer, dit Paul avec un peu d'impatience. Si, pendant un laps de temps significatif, disons une semaine, le stock reste en vert… »

Ted l'interrompit : « Pour programmer cette fonction, j'ai besoin d'une définition numérique du vert. »

Plutôt que de répondre directement, Paul demanda : « Comment définiriez-vous le rouge ? »

Ted hésita.

« Supposons que la cible soit 9 unités, insista Paul. Quand pensez-vous qu'il faudra augmenter la cible ? Quand nous terminons presque tous les jours avec une unité seulement ?

– En fait, je ne serai pas à l'aise quand nous terminerons avec moins de quatre, toussa Ted en riant. Après tout, vous m'avez appris que quand le résultat peut être la perte de vente, cela paie d'être paranoïaque. »

Paul lui jeta un regard en coin :

« Mettez la limite à un tiers de la cible. Ainsi, quand le stock tombera en dessous du tiers de la cible, nous dirons que la situation est… rouge. Si pendant la plus grande partie de la période significative, une semaine par exemple, nous sommes en rouge, ce sera notre alerte rouge et nous augmenterons la cible. Ça vous paraît raisonnable ?

– Oui. Comprenant là où Paul voulait en venir et méfiant face à la vitesse avec laquelle il réduisait les stocks, Ted prit le relais. Donc, lorsque le stock à la fin de la journée dépasse les deux tiers de la cible, c'est vert. Mais je pense qu'une semaine, ça n'est pas suffisant. Si nous voulons être sûrs de ne pas manquer de ventes, nous devrions peut-être prévoir que la situation doit rester en vert pendant au moins deux semaines avant de réduire le stock cible.

– Tous les jours sur deux semaines ? OK, ça me va, dit Paul. Et la zone qui se situe entre le vert et le rouge, là où nous pensons disposer du bon stock, marquons-la en orange.

– Comme les feux de signalisation, sourit Ted.

– Oui, et nous gérerons cela intelligemment, nota Paul. Nous ne baisserons pas les stocks de façon arbitraire, nous laisserons le mécanisme faire ce qu'il faut. Nous ne réduirons les stocks que de ce que nous avons en surplus. Voilà qui devrait soulager les préoccupations du personnel.

– D'accord, dit Ted. Je m'attaque aux calculs tout de suite.

– Merci », dit Paul à Ted qui sortait de son bureau.

Ted mit un moment avant d'ouvrir les portes qui séparaient les bureaux et la kitchenette de la zone commerciale. Il n'arriverait jamais à convaincre les chefs de département qu'une baisse des stocks pouvait aboutir à une situation favorable. Dans la mesure où aucune marchandise n'allait être renvoyée à l'entrepôt, mais où on se contenterait de ne pas se réapprovisionner en articles qu'on avait déjà en stock, il n'y aurait pas de mal à ne pas partager avec eux les résultats de la réunion.

Trois jours plus tard, pendant sa tournée habituelle de 11 heures, Paul arrivait au rayon du linge de cuisine. Il fut heureux de constater que beaucoup de clients regardaient la marchandise. Il en aida un ou deux, puis se mit en quête du responsable de département. Ne le trouvant pas, il demanda à Marco, un vendeur junior, où il était. Paul eut la mauvaise surprise d'apprendre que Mike, un de ses plus anciens responsables de vente, avait choisi l'heure de pointe pour sa pause cigarette. Il s'excusa, puis se rendit au parking du personnel.

Comme prévu, sur son vieux banc préféré, Mike, âge mur, teint bronzé, était assis et soufflait en l'air des ronds de fumée.

« Mike, tout va bien ?

– Vous auriez pu avoir la courtoisie de m'avertir, cracha littéralement ce dernier. Cela fait plus de vingt ans que je travaille ici. J'aurais préféré ne pas avoir à deviner tout seul ce qui va se passer, puisque les camions ne nous livrent plus.

– De quoi parlez-vous ? demanda Paul. Les camions apportent la marchandise tous les jours.

– Deux cartons, et le deuxième est à moitié vide. Mike tapota sa cigarette sur le banc et sa cendre tomba sur l'asphalte. »

Paul comprit que c'était parce que la plupart des références étaient au vert. Donc la plupart d'entre elles ne seraient pas approvisionnées pendant un certain temps, et du coup les stocks baissaient. Évidemment, les livraisons baissaient en conséquence.

« Ce ne sont pas des livraisons, Paul, affirma Mike. Ce sont des surplus qui permettent de tenir jour après jour. Vous commencez par baisser les stocks, par éliminer les réserves, puis vous ne remplacez plus le stock, et maintenant vous n'approvisionnez même plus. Je comprends bien ce que vous êtes en train de faire, mais pourquoi n'avez-vous pas la courtoisie de me prévenir que le magasin va fermer ? Ça ne vous aurait pas tué de me donner un peu d'avance sur l'information !

– Vous vous rendez compte que nous sommes les premiers de toute la chaîne ? s'exclama Paul. Vous vous rendez compte que nos rotations de stock atteignent des plafonds ! Notre rentabilité est au top, notre ROI est au sommet. Personne ne va fermer ce magasin ! Il faudrait être fou à lier pour fermer le meilleur magasin de la chaîne ? Tout ce que j'ai fait, c'est baisser le stock de surplus. Nous n'avons aucune raison de stocker de grandes quantités de références qui se vendent à la vitesse de l'escargot.

– Paul, j'ai beaucoup de respect pour vous, répliqua Mike, mais vous faites partie de la direction. Je ne vous crois pas.

– C'est absolument ridicule ! Paul secoua la tête.

– Oui, c'est vrai. On nous jette à la rue et vous voulez nous faire prendre des vessies pour des lanternes.

– Je vais organiser une réunion du personnel pour expliquer à tout le monde qu'il n'y a aucune raison d'avoir peur. Au contraire, le magasin de Boca deviendra bientôt le modèle de la chaîne. »

Mike tira sur sa cigarette. « Paul, vous ne comprenez pas. Jusqu'à ce matin, j'étais le seul responsable de département à penser encore que le magasin ne fermerait pas. J'avais défendu aveuglément ma position et la vôtre, ainsi que vos motivations. Et la marchandise a cessé d'arriver. »

Paul comprit que les mots étaient inutiles. Avec Mike et avec le reste de l'équipe. Son esprit travaillait à cent à l'heure. Que se passait-il ? Sans doute, ses employés avaient fait les mauvais rapprochements : pour eux, la baisse substantielle du stock signifiait nécessairement que le magasin allait fermer. Bien sûr, c'était loin d'être le cas, mais ils extrapolaient à partir de ce qui se produisait généralement. Et ce mauvais rapprochement les conduisait à conclure que ce changement menaçait leurs emplois. Pas étonnant qu'ils soient contre le changement, qu'ils réclament leur stock à corps et à cris. Il nota mentalement de raconter cette découverte à Caroline : un mauvais rapprochement concernant n'importe lequel des quatre éléments pouvait déformer la perception d'une situation, et aboutir à un mauvais jugement porté sur le changement. Et maintenant, que pouvait-il faire ? Comment pouvait-il corriger cette mauvaise perception ?

À court d'idées, il demanda : « Comment pourrais-je vous prouver que nous n'allons pas fermer ?

– Vous voulez me prouver que le magasin ne va pas fermer ? Livrez-moi plus de marchandise ! répondit Mike. Personne ne livrera des références supplémentaires à un magasin qui va fermer. Vous voulez vous débarrasser des surplus ? Moi aussi ! Cela signifie que vous avez fait de la place. Remplissez-la, même avec des choses que nous n'avons pas en stock.

– Par exemple ?

– Actuellement, nous ne stockons qu'une partie de ce que la chaîne peut proposer. Vous dites que vous ne voulez pas trop stocker, très bien. Fournissez-moi de petites quantités de chaque référence. Juste pour garnir les rayonnages…

– Même s'il s'agit de tabliers fuschia ? Paul essaya de le faire sourire.

– N'importe quoi, je m'en fiche, dit Mike sur un ton modéré. Si c'est du fuschia, eh bien je vendrai du fuschia. Si nous recevons de nouvelles références, alors c'est que nous ne fermons pas.

– C'est une très bonne idée », dit Paul.

Mike, surpris, hocha la tête.

« Je suis sérieux, Mike. Vous avez mis le doigt sur quelque chose d'important. Si le magasin peut proposer davantage de références, nous vendrons davantage. La seule raison pour laquelle nous ne proposions pas davantage de choix, c'était que nous n'avions plus de place. Maintenant que nous en avons…

– Ce serait formidable si le département pouvait proposer un plus grand choix, dit Mike, toujours sceptique.

– Il ne s'agit pas juste de votre département, Mike, mais de tout le magasin, dit Paul. J'ai l'impression que vous n'êtes pas le seul à penser ce que vous m'avez dit, pas le seul non plus qui serait content de pouvoir vendre de nouvelles références. Je pense que si chaque responsable de département faisait une ou deux visites aux magasins de la région, il pourrait me faire une liste d'articles qu'ils souhaitent. Et lorsqu'on aura compilé ces listes, je m'assurerai qu'on nous livre les articles en question. J'espère que cela mettra à fin à ces rumeurs de fermeture.

– C'est certain ! » confirma Mike.

Formidable, se dit Paul. Quand on cesse de se rejeter la responsabilité, et qu'on demande à l'autre partie de démêler le mauvais rapprochement, tout va mieux. Mike, qui était tellement opposé au changement, avait trouvé la solution qui allait permettre le changement. La confiance et la communication en sortaient renforcées.

« Je vais vous dire, dit-il, je demande à Ted d'annoncer cette action dès demain matin, on organise une réunion générale et j'exposerai à toute l'équipe le projet et le planning.

– Et vous approuverez toutes les suggestions ? » demanda Mike.

Paul réfléchit un instant : il ne voulait pas se retrouver avec des poids morts en surplus qui encombreraient ses rayonnages. Il ne fallait pas négliger ce risque.

Devant l'absence de réponse de Paul, Mike proposa : « Bien sûr, je veux dire que si le dépôt a les articles, vous les approuverez ? »

Le dépôt ? Si ses commandes portaient uniquement sur des articles pour lesquels Roger n'avait que des surplus, il y avait une forte chance pour qu'ils se vendent bien. Mais comment pouvait-il dire à Mike qu'il validerait toutes les références que l'entrepôt ne détenait pas ?

« Je m'engage à valider au moins la moitié des listes, dit-il.

– C'est formidable. Le visage de Mike s'éclaira d'un grand sourire. Rentrons. Les clients attendent ! »

# Chapitre 15

Le restaurant préféré de Caroline était un petit établissement tranquille du Village ; son frère préférait quant à lui les lieux plus branchés, plus clinquants, à proximité de Central Park. Pour cette fois, elle l'avait laissé choisir, mais à une condition : il devait être suffisamment tranquille pour qu'on y profite à la fois de la nourriture et de la conversation. Il avait accepté, non sans lui faire remarquer qu'elle ne savait pas ce qu'elle ratait.

Le décor était un peu trop ostentatoire au goût de Caroline, mais son tartare de thon était divin. Darren s'était contenté d'une salade et de vin blanc, invoquant son estomac fragile. La conversation avait été agréable : les progrès des jumeaux dans la nouvelle école privée choisie par l'ex de Darren, l'intérêt récent de Ben pour les filles et le football.

Le serveur desservit les assiettes et prononça quelques mots en français pour leur annoncer les desserts. Caroline décida de se lancer :

« Darren, je voudrais te parler de Hannah's Shop.

– Très bien.

– Je sais que ça te rappelle quelque chose, mais écoute-moi quand même, dit Caroline, suivant son plan stratégique. Explique-moi pourquoi tu as quitté l'entreprise, tout en sachant pertinemment que Papa serait horriblement déçu. Oui, je sais, tu l'as déjà fait mais…

– Oui, effectivement… gémit Darren. Connaissant la position ambivalente de Caroline s'agissant de reprendre l'entreprise, et compatissant avec son dilemme, il décida de jouer le jeu. OK, tu sais très bien pourquoi. Contrairement à ce que Papa m'a dit, je ne l'ai pas fait uniquement pour le défier. Il est temps qu'il comprenne que je ne suis pas décidé à sacrifier ma vie juste pour lui faire plaisir. La société a atteint sa maturité ; maintenant, elle va ralentir sa croissance et son expansion. Papa a construit une grande entreprise. Je veux suivre son exemple, mais pas passer ma vie dans son ombre. Je veux, moi aussi, construire quelque chose de grand, qui ait un sens. Et ce n'est pas à Hannah's Shop que j'y arriverai. Petite sœur, pour moi la vente de linge de maison, c'est un peu comme la conduite en Floride : de vieilles dames qui conduisent de vieilles voitures à la vitesse de l'escargot.

– Et le capital-risque, c'est Indianapolis, compléta Caroline. Alors veux-tu me dire, cher pilote de course, quel est le style d'entreprise qui te fait tilter ? Quand tu dois juger de l'opportunité d'un investissement, que recherches-tu ? Qu'est-ce qui te fait rêver ?

– Quand je trouve une entreprise qui a un potentiel réel mais pas encore reconnu, répondit Darren. Une entreprise qui a de fortes chances de réaliser à la fois une forte rentabilité et un excellent ROI, dans le contexte de son secteur d'activité. Bien sûr, il faut se garder des chimères, et rester ancré dans le réel. Il faut la solidité nécessaire pour assurer que bien pilotée, et avec un apport de capital supplémentaire, la société réussira. »

Au fur et à mesure qu'il parlait, ses yeux s'étaient mis à briller, son corps irradiait littéralement l'énergie. Manifestement, il était passionné par son travail. Caroline sourit : voilà le frère qu'elle aimait tant !

« Il faut absorber rapidement les connaissances nécessaires, poursuivit Darren, puis les analyser correctement, y compris les maillons faibles et les facteurs cachés. Parce que même si ça semble très positif, il faut être sûr que derrière l'entreprise, il y a les hommes qu'il faut : des gens opérationnels, fiables, travailleurs, et surtout passionnés. »

Caroline avait amené son frère jusqu'à la fontaine : il était temps de laisser boire !

« Darren, susurra-t-elle, tu me dis que tu cherches des opportunités capables d'atteindre une forte rentabilité et un ROI important dans le contexte de leur domaine. Dans le domaine du linge de maison, par exemple, que serait pour toi une véritable opportunité ? Quels sont les chiffres qui t'intéresseraient ? »

Darren décida qu'il fallait que sa jeune sœur ouvre les yeux face à la dure réalité. « Pour que Hannah's Shop intéresse un capital-risqueur, il faudrait démontrer une capacité à atteindre plus de 10 % de profit net sur les ventes. Et ça ne suffirait pas. Il faudrait aussi prouver qu'en même temps que le profit, l'entreprise est capable de doubler, je dis bien doubler, ses rotations de stock. »

D'une voix plus, douce, il ajouta : « Petite sœur, tu sais que pour un gros détaillant en linge de maison, plus de 10 % de rentabilité est un chiffre impensable. C'est difficile même pour une boutique. Et pour un capital-risqueur, ce qui est encore plus important, c'est le ROI prospectif. En regard du risque couru, nous recherchons un ROI substantiel. Je suis sérieux quand je te parle de doubler les rotations de stock. Soyons clair : Papa, qui est un des meilleurs dans son secteur, est heureux lorsqu'il améliore ses rotations que quelques pour cent, mais les doubler, c'est virtuellement impossible. »

Quand il s'aperçut que Caroline ne se décourageait pas, il ajouta : « Il faut que tu comprennes que je ne peux pas m'intéresser à Hannah's Shop. Laisse tomber. » *D'abord Paul*, se dit-il, *et maintenant Cara. Comme si son père ne suffisait pas pour le harceler !*

Caroline répondit : « C'était quand, la dernière fois que tu as parlé à Paul ?

– Il y a quatre mois, à l'anniversaire de Maman, il m'a raccompagné à l'aéroport et nous avons discuté. Il avait l'air un peu déprimé par les chiffres de son magasin. Pensant qu'elle avait changé de conversation, il dit : Tu crois que je devrais lui proposer de travailler avec moi ? Un type comme lui, fiable et compétent, me serait bien utile. »

Caroline sourit discrètement. « En quatre mois, il est arrivé plein de choses excitantes. Paul a réussi. Et bien encore !

– Il a réussi ? Fantastique ! Le visage de Darren s'éclaira. Je t'ai toujours dit qu'il en était capable. »

Caroline décida d'ignorer ce commentaire et suivit sa stratégie. « Tu me dis que dans notre domaine, il est impossible de dépasser les 10 % de profit net et de doubler les rotations. Eh bien ton ami a démontré le contraire. » Elle ouvrit son attaché-case et tendit à son frère une liasse de papiers. « Voici les chiffres du magasin de Paul pour le dernier trimestre. » Darren se mit à feuilleter les pages, et elle poursuivit. « Paul vient de démontrer qu'il pouvait atteindre presque 20 % de profit pour son magasin, tout en multipliant par cinq ses rotations de stock. Pas par deux, par cinq ! Alors qu'est-ce qu'il dit, mon frère je sais tout ? »

Darren jeta un coup d'œil aux chiffres, habitué qu'il était à les assimiler comme une éponge. Caroline enfonça le clou :

« Regarde les chiffres ! Imagine si on pouvait les reproduire dans tous les magasins de la chaîne !

– Je vois les chiffres, dit-il calmement. C'est fantastique, incroyable même. Puis il se mit à lire les deux pages que Paul avait rédigées pour expliquer sa méthode. Laisse-moi lire ça tranquillement, c'est très intéressant. Tu me commandes un autre cappuccino ? »

Deux tasses de café, une mousse au chocolat et un cheesecake arrivèrent peu après sur la table. Mais Darren attendit d'avoir fini sa dernière goutte pour poser les pages. Puis il se mit à fixer le grand chandelier de cristal. Au bout d'un moment, Caroline n'y tint plus. « Alors ?

– Eh bien… Darren ne se pressait pas. Paul a fait quelque chose d'incroyable. »

Connaissant son frère, elle continua : « Mais…

– Je ne voudrais pas que tu prennes cela comme une critique de ce qu'il a accompli. C'est une vraie réussite. Il a enfreint toutes les règles sans casser le système. Il se peut que je n'aie pas tout compris, mais à ce que je vois, Paul a trouvé le moyen d'utiliser les dysfonctionnements du système pour améliorer considérablement les résultats de son magasin. Mais je crains qu'il n'ait pas trouvé le moyen d'améliorer le système lui-même.

– Que veux-tu dire ? Caroline était stupéfaite.

– Je ne vois pas comment l'action de Paul pourrait s'étendre et engendrer les mêmes résultats au niveau de toute l'entreprise. »

Caroline se mit sur le sentier de la guerre. « Ne me dis pas que Paul s'est contenté de déménager son stock du magasin à l'entrepôt, et qu'en conséquence les améliorations de ses rotations n'ont aucune signification. Tu peux mieux faire ! »

Darren leva la main pour l'interrompre. « Sœurette, ne me prends pas pour un imbécile. Ça ne fait pas si longtemps que j'ai quitté l'entreprise, je n'ai pas oublié mes bases. » Pour prouver qu'il appréciait à sa juste valeur ce que Paul avait fait, il expliqua : « Il est impossible d'augmenter les rotations simplement en réduisant le stock. Si on s'en tenait là, cela aurait des conséquences sur la disponibilité des articles, et les ventes baisseraient.

– Mais justement, tout est là, dit Caroline, soudain moins aimable. Paul a réussi à trouver le moyen de réduire le stock tout en éliminant presque toutes les ruptures de stock. Résultat, ses ventes ont grimpé sans pour autant que les dépenses augmentent. Voilà pourquoi les profits sont incroyables.

– C'est exactement là que se tient le problème, commenta Darren d'un ton calme.

– Quel problème ? Tu n'es pas en train de me dire que les chiffres sont artificiels, quand même ? »

Darren eut un rire de protestation et dit :

« Si je comprends bien Paul, la réduction des ruptures ne vient pas du stock qu'il a renvoyé au dépôt.

– Bien sûr que non. Mais cela a permis d'utiliser les surplus qui existaient au dépôt.

– Exact. Mais ces surplus, ils suffisent pour alimenter un magasin. Peut-être même une région. Il est inimaginable d'alimenter toute la chaîne à partir des surplus. Pour que ça marche, ma chère sœur, il faudrait acheter plus, et ça nous ramène au point de départ. »

Caroline réfléchit. Son frère avait mis le doigt sur un point faible. Et en plus ce point faible la concernait elle, pas son mari.

« Maintenant, tu comprends pourquoi je te dis que Paul n'a pas trouvé la méthode pour améliorer la chaîne ; il a trouvé le moyen d'utiliser les insuffisances du système, c'est-à-dire les surplus, pour améliorer son magasin. »

Voyant la déception de sa sœur, il poursuivit. « Mais il y a sûrement quelque chose à creuser dans cette idée de faire fonctionner un magasin avec si peu de stock. Bien sûr, puisque les stocks qui ont été enlevés du magasin se trouvent toujours dans la comptabilité de l'entreprise, l'impact actuel sur le ROI de l'entreprise est négligeable. Mais il doit exister un moyen de le traduire en une véritable réduction de stock. Il y a quelque chose d'important à creuser, si j'étais toi je m'y mettrais. En y repensant, peut-être qu'il faudrait que j'en discute avec Paul. »

Caroline sourit. Elle avait eu ce qu'elle voulait, l'hameçon était en place. Et elle comptait sur les affinités naturelles entre Paul et Darren pour faire le reste.

« J'aimerais être capable d'analyser les choses aussi clairement et aussi vite que toi, dit-elle, l'air soumis.

– Tu devrais essayer de travailler dans les investissements. Darren essaya de consoler sa jeune sœur. Ça devient comme une seconde nature. »

# Chapitre 16

En entrant dans le dépôt régional, Paul eut l'impression d'arriver comme un cheveu sur la soupe avec son costume cravate, parmi les employés du lieu. Il chercha Roger du regard. Ce dernier était en pleine discussion avec son contremaître et un chauffeur de chariot élévateur. Le contremaître fit un signe au responsable du dépôt. Roger se retourna et indiqua à ses employés qu'ils pouvaient retourner à leur poste.

« Salut, Roger. Qu'est-ce qui se passe ? » demanda Paul. Pendant son petit-déjeuner, il avait reçu un texto lui demandant s'il pouvait faire un saut avant d'aller au magasin.

« Viens, je vais te montrer. » Roger précéda son ami, franchit une cloison et accéda à un espace organisé différemment du reste de l'entrepôt. D'abord, les rayonnages n'étaient remplis qu'à hauteur de la tête de Paul. Enfin, une longue table avait été disposée au milieu de l'espace.

« Ah ! Je vois ! s'exclama Paul. Des cartons ! Quelle surprise ! Et ici, dans un entrepôt, incroyable ! »

Roger sourit :

« Oui, Sherlock, voici les cartons qui contiennent ton stock.

– Je croyais que tu allais le mettre avec le reste de ton stock, dit Paul, franchement surpris.

– Quand j'en ai parlé à l'équipe, expliqua Roger ils m'ont demandé de laisser les choses telles quelles, que ce serait mieux. »

Paul ne comprenait pas. Après tout, il s'était donné du mal pour obtenir l'accord de Martin pour transférer le stock dans la comptabilité, dans le but explicite de faciliter la tâche de l'équipe de l'entrepôt. « Tu ne m'avais pas dit que ce serait une corvée pour eux ?

– Quand il s'agit de cartons entiers, la manipulation à la main est une vraie corvée, expliqua Roger. Mais comme me l'ont dit les gars que j'ai nommés pour ce travail, ce serait encore pire s'ils devaient faire le déballage, l'extraction et le remballage avec les chariots au beau milieu des allées de l'entrepôt. Si tout ton stock est concentré dans une seule zone, alors c'est plus facile à gérer.

– Et tu voulais me montrer ça ? Que tu n'avais pas besoin de l'autorisation pour fusionner mon stock avec le stock général ? demanda Paul. Merci pour la ballade, mais tu aurais pu me le dire par téléphone. J'aurais compris.

– Un peu de patience, je t'ai appelé parce que nous avons un gros problème, poursuivit Roger. Comme tu le sais, j'ai beaucoup réfléchi à la gestion des réapprovisionnements quotidiens des dix magasins de la région. Mon point de départ, c'était que ce serait une bonne idée de reproduire la méthode que j'ai utilisée pour fournir ton magasin, et qui a bien marché. Je mettrais le stock récupéré dans chaque magasin dans une zone séparée. Dix zones séparées, une par magasin, toutes pareilles à celle-là.

– Et après avoir joué un moment avec cette idée, tu en as conclu que tu n'avais pas assez de place, Paul était inquiet.

– Ce n'est qu'une partie du problème, répondit Roger. Hier j'ai compris que j'en avais un plus gros encore. Honnêtement, je suis coincé.

– Qu'est-ce qui s'est passé hier ?

– Nous avons travaillé sur la liste que ton équipe nous a fournie, les 100 nouvelles références pour ton magasin. Nous avons dû travailler jusque tard dans la nuit pour préparer la livraison.

– Je suis désolé, s'excusa Paul. Ce n'était pas dans mes intentions. Si cela prend autant de temps, j'ajouterai moins de nouvelles références en une seule fois. Ça peut s'étaler sur plusieurs jours. Si nous n'ajoutons que 20 nouvelles références par jour, mes équipes seront satisfaites. Ou c'est encore trop ?

– Paul, s'il te plaît, calme-toi et écoute-moi. Quand il fut certain que Paul l'écoutait attentivement, il poursuivit. Actuellement, si j'ai envoyé telle référence à un magasin, je lui enverrai la même dans quatre mois seulement. Pour t'épargner le calcul mental, cela veut dire que mes chariots doivent prélever des rayonnages à peu près 200 palettes par jour. Hier, quand les chariots ont dû prélever 300 références, j'ai compris ce qui allait se produire si nous devons réapprovisionner tous les magasins quotidiennement. Le problème n'est pas seulement la place, c'est la capacité des chariots. »

Cela allait un peu trop vite pour Paul. Voyant son expression interrogative, Roger décida de sauter la partie où il avait découvert l'existence du problème et passa directement au problème lui-même. « Paul, quand j'ai mes dix zones, une pour chaque magasin, je dois quand même conserver mon espace de stockage global.

– Pourquoi ? demanda Paul. Pourquoi ne peux-tu pas répartir tout ton stock dans les dix zones ? Ainsi, tu auras retrouvé l'espace supplémentaire dont tu as besoin.

– Réfléchis, dit Roger. Pour beaucoup de références, je n'ai pas suffisamment de stock à préallouer à chaque zone. Ces références-là, je dois les conserver dans un autre lieu. Sinon, en un rien de temps, je passerai mon temps à déplacer du stock d'une zone à l'autre. C'est trop de bazar…

– On parle de combien de références ? Paul essayait de minimiser le problème.

– Fais ton calcul, répondit Roger. Tu te rappelles, pour chaque référence pour laquelle un magasin n'a pas assez de stock, le système émet déjà une commande. Le fait qu'elle manque encore dans le magasin indique que pour ces références, il ne me reste que des surplus. »

Paul fit son calcul mental. Les ruptures concernent environ 30 % des références. Roger stocke environ 5 000 références. « Pour environ 1 500 références, tu n'as que des surplus », conclut Paul.

« Tu vois le problème ? demanda Roger. Tu comprends ce que ça signifie de déplacer tous les jours autant de références ? Les chariots ne pourraient pas suffire, même si nous pouvions tripler le nombre d'heures d'une journée.

– Et avec davantage de chariots et de personnel ? proposa Paul. Quand Martin aura vu mes chiffres, et qu'il aura fait la projection sur 10 magasins, il validera tout ce que tu veux !

– Personnellement, il peut bien valider la troisième guerre mondiale. Roger leva le bras pour bien se faire comprendre. Je n'ai pas la place pour faire manœuvrer autant de chariots dans cet espace !

– Alors qu'est-ce qu'on peut faire ? Ne me dis pas que ce problème n'a pas de solution.

– Je ne supporte pas ça non plus, répondit Roger, mais je suis coincé. J'y réfléchis depuis mon réveil. Peut-être pourrait-on utiliser un équipement différent.

Certains entrepôts qui ont besoin d'envoyer de petites quantités utilisent des chariots plus petits, de type order-picker à la place des chariots élévateurs traditionnels. Chacune de ces machines peut extraire 50 cartons individuels différents en une heure.

– Alors où est le problème ? dit Paul, soulagé. Si c'est nécessaire, je suis certain que tu obtiendras ton budget. Puis, prudemment, il ajouta : Ça coûte combien ?

– Ce n'est pas l'investissement qui m'inquiète, répondit Roger. Avec ce type d'équipement, il va falloir réorganiser tout l'entrepôt. Il faudra même modifier l'espace entre les rayonnages. Paul, cela reviendra à créer un mode opératoire complètement différent, et je ne suis pas sûr d'en être capable.

– Peut-être qu'on n'a pas besoin d'un changement aussi radical, Paul essayait de rassurer son ami. Tu connais des entrepôts qui utilisent à la fois des chariots et des order-pickers ?

– Pour que ça fonctionne, dit Roger, prudent, il faut trouver un entrepôt qui ait la même situation que la nôtre. Grande échelle, grand nombre de références mais aussi beaucoup de petites livraisons. »

Paul et Roger cherchèrent ensemble. Après un bref silence, Roger dit : « Je suis trop perturbé pour me concentrer correctement. Tu vas à Boca, je me remets au boulot. Le premier qui trouve une idée appelle l'autre. »

Sur le chemin du retour, Paul réfléchit. Sans solution logistique adaptée, sa nouvelle méthode ne pourrait pas être appliquée. Quel dommage ! Au moment où il se garait sur son emplacement derrière le vieux centre commercial, son portable émit un gazouillis. Il ouvrit le message qui venait de Roger : il ne contenait qu'un seul mot : « Livres » accompagné d'une émoticône qui fronçait les sourcils.

Une heure trente-cinq plus tard, Paul arrivait à Hallandale. Roger était déjà là, debout devant un grand entrepôt orné du logo familier de l'alligator souriant, logo des éditions Gator State Publishing.

« Qu'est-ce qui t'a fait penser aux livres ? demanda Paul à son ami.

– Je n'avais pas d'idée, alors je me suis dit que je pourrais aussi bien voir parmi mes connaissances pour y chercher l'inspiration, répondit Roger. J'ai parcouru tous mes contacts e-mail et je suis tombé sur le nom de Jack. C'est lui qui s'occupe de l'entrepôt de GSP. Quand j'ai pensé aux livres, j'ai compris que les librairies contiennent une quantité énorme de références, au moins 20 000 titres différents. À chaque livre publié, j'imagine qu'ils envoient des palettes entières aux entrepôts des chaînes. Mais en même temps, pour les titres du fonds, il n'est pas question d'envoyer des cartons entiers de chaque titre aux librairies. Une seule librairie ne pourrait jamais vendre, ni même stocker, autant de livres. J'ai appelé Jack et je lui ai décrit la situation. Il m'a confirmé qu'il utilisait à la fois des chariots traditionnels et des order-pickers, et proposé de venir voir comment ils travaillaient. »

Roger appuya sur le bouton de l'interphone, ils s'identifièrent et une voix mal aimable les pria d'attendre. Une porte encastrée dans les grands panneaux de métal s'ouvrit, et un homme en veste de cuir, barbe, lunettes noires et crâne rasé les accueillit.

« Salut, Roger, dit Jack avec un accent créole. C'est qui, le costard ?

– Paul, je te présente Jack Galvez, qui dirige l'entrepôt de Gator. Roger fit les présentations. Jack, voici Paul White, qui dirige la succursale de Boca pour Hannah's shop, tu te rappelles, le magasin qui a été inondé. »

Jack grogna une réponse et les fit entrer. L'entrepôt semblait ne pas avoir de fond, il faisait facilement deux fois la taille de celui de Roger. Paul scanna du regard l'énorme lieu, de haut en bas et de long en large. D'innombrables palettes de livres occupaient six étages de rayonnages métalliques dans une des zones ; du carton ondulé et des palettes s'entassaient sur des rayonnages bleus et rouges dans une autre. Il vit cinq chariots élévateurs en pleine action, et entendit les klaxons des autres. Son nez s'emplit d'une odeur de papier, de carton et de bois. Ce lieu devait être coûteux, et il n'arrivait même pas à estimer le nombre de livres que pouvait contenir cet entrepôt.

Après les avoir fait entrer, Jack leur expliqua comment fonctionnait l'entrepôt de GSP. « Nous avons deux sortes de livraisons. La première, ce sont les grosses livraisons destinées aux grossistes et aux entrepôts des grandes chaînes. Là, nous expédions les cartons d'origine tels que nous les recevons de l'imprimeur. La deuxième, ce sont les livraisons plus petites, qui vont directement aux librairies indépendantes. Pour une librairie donnée, nous devons combiner plusieurs exemplaires de plusieurs titres dans un seul carton, ou dans un « *shrinkpack* » pour les plus petites quantités.

– Ce qui veut dire qu'il faut extraire à la main un grand nombre de livres, s'exclama Roger. Comment faites-vous, avec tellement de points de vente, sans que les chariots sillonnent tout l'entrepôt ?

– C'est assez simple. » L'ancien motard bronzé désigna une vase zone où plusieurs personnes travaillaient le long de tables spéciales équipées de dispositifs roulants de chaque côté.

Paul et Roger suivirent son regard, et il expliqua. « Regardez. Il désigna les rayonnages à proximité des tables. Ici, nous stockons une petite quantité de chaque livre du fonds. Ceux qui se vendent, bien sûr. Nous appelons ça notre mini-entrepôt.

– Une petite quantité, ça correspond à quoi ? demanda Roger, très intéressé.

– Bonne question, répondit Jack. Dans l'entrepôt, nous avons plus de 50 millions de livres, environ 20 000 titres différents.

– Tant que ça ? réagit Paul, surpris.

– Chez un gros éditeur, l'entrepôt peut en contenir plus de deux fois plus, commenta Jack avant de poursuivre, mais ne vous laissez pas impressionner. La plupart des titres font l'objet de zéro commandes pendant plusieurs mois : pour ceux-là, nous ne gardons aucun exemplaire dans le mini-entrepôt. Pour préparer les commandes des rotations lentes, nous avons une autre zone. Je vous montrerai plus tard.

– Je ne m'intéresse qu'à la marchandise pour laquelle vous avez beaucoup de commandes toutes les semaines, dit Roger. Pour chacun de ces articles, combien en conservez-vous dans le mini-entrepôt ?

– C'est très variable. Pour les best-sellers, nous conservons l'équivalent de trois jours de vente, une palette environ. Mais la plupart des livres se vendent en petite quantité, donc nous en gardons l'équivalent de deux semaines de vente, environ deux ou trois cartons. Ça n'est pas trop. Tout est là.

– Et je suppose que vous réapprovisionnez en fonction de la popularité, raisonna Roger. Les best-sellers tous les trois jours, les autres deux fois par mois.

– Nous réapprovisionnons quand il ne nous reste qu'un carton, dit Jack. Mais je pense que tu as vu juste, les best-sellers tous les jours ou tous les deux jours, les autres au bout de quelques semaines.

– Combien avez-vous de mini-entrepôts ? demanda Roger d'une drôle de voix.

– Je ne comprends pas, répondit Jack. Je n'en ai besoin que d'un. »

Roger se prit la tête entre les mains et se mit à gémir : « Je suis un imbécile, un idiot complet.

– Je ne voudrais pas te contrarier, plaisanta Paul. Mais pourquoi dis-tu ça ?

– En fait j'avais la solution depuis le début, devant mon nez, et je ne la voyais pas. La zone que j'ai réservée à ton stock est déjà un mini-entrepôt, dans son genre, répondit Roger.

– C'est vrai, commenta Paul, et quand tu parlais d'en organiser d'autres pour les autres magasins, tu étais sur la bonne voie.

– J'étais sur une voie similaire, mais pas sur la bonne voie, rectifia Roger. Tu ne vois donc pas ? Je voulais faire un mini-entrepôt pour chaque magasin que nous servons. Ce n'est pas cela que fait Jack. »

Ce dernier se mit à rire : « Deux mille mini-entrepôts ? Tu imagines le truc ! Roger, tu n'as pas bien réfléchi !

– Tu as raison, dit Roger. Quel serait l'intérêt de répartir tout le stock dans des mini-entrepôts ? Deux semaines de vente pour chaque référence devraient suffire amplement pour un réapprovisionnement quotidien de la consommation réelle. Quand j'y réfléchis, une fois tout compilé, la valeur de deux semaines de vente pour dix magasins devrait occuper le même espace que quatre mois du stock du magasin de Paul.

– Ce que tu stockes dans ma zone en ce moment, dit Paul. Voilà qui résout le problème de l'espace. Mais le problème de la réallocation des surplus ?

– Quel problème ? demanda Roger avec un sourire. Ils seront traités comme toutes les autres références. La question de comment les allouer ne se pose plus. Tous les articles provenant des magasins seront conservés sur les rayonnages, exactement comme aujourd'hui. Avec un seul mini-entrepôt, et pas 10, il n'y a plus besoin de répartir la marchandise. Il n'y a plus de surplus. Il n'y a plus que des articles dont le stock baisse.

– Donc ça pourrait se faire pour toute la région, demanda Paul, rêveur.

– La méthode de Jack résout les deux problèmes, celui de l'espace et celui de la circulation des chariots. Si je n'ai besoin de réapprovisionner les articles du mini-entrepôt qu'une fois tous les quinze jours, je peux me débrouiller avec mes chariots. Peut-être m'en faudra-t-il un ou deux en plus, mais à coup sûr je n'ai pas besoin de ces order-pickers de luxe. Il faut encore que je réfléchisse à certains détails : combien me faut-il de chariots supplémentaires et de préparateurs de commandes, combien de place me faut-il pour les mini-entrepôts, comment disposer le stock. Mais… Roger sourit à Paul et leva le pouce en l'air.

– Si j'avais su qu'un jour les livres te rendraient tellement heureux, dit Paul, je t'aurais conseillé d'en essayer un ! ». Jack éclata de rire. Roger, qui avait l'impression qu'une montagne de briques venait de quitter ses épaules, se joignit à l'hilarité générale. Les changements nécessaires seraient mineurs, pratiquement négligeables. Tout était déjà en place.

Ils remercièrent Jack du fond du cœur et repartirent. Roger sifflait un petit air guilleret. Au moment où son ami montait dans la voiture de fonction, Paul s'étonna de ne pas se sentir plus heureux. S'il avait appris une chose ces dernières semaines, c'était de ne pas vendre la peau de l'ours avant de l'avoir tué. Il avait la sensation qu'au coin de la rue, tapi dans l'ombre, un autre lion était prêt à bondir.

# Chapitre 17

Tôt un jeudi matin, un peu plus d'un mois après la visite à GSP, plus de trois mois après l'inondation, Paul arrivait au magasin. Alva l'informa que le directeur régional, Martin Langley, était arrivé à l'improviste.

Fantastique, se dit-il. Les performances du magasin de Boca Raton s'étaient maintenues, le radin faisait profil bas. Confiant, il ouvrit la porte de son bureau.

« Bonjour Martin, dit Paul d'un ton plein d'entrain. Qu'est-ce que je peux faire pour vous ? »

Paul invita Martin à s'asseoir dans son propre fauteuil, le seul siège décent de son bureau. En s'asseyant, Martin répondit : « Comme promis, j'ai suivi les chiffres du magasin pendant un mois. Et je suis convaincu. Il faut essayer votre idée sur les autres magasins. Pour cela, il faut que vous me rédigiez un document béton, avec un compte rendu complet de ce que vous avez fait à Boca Raton. »

Paul posa son attaché-case et déplia une de ses chaises inconfortables avant de dire : « Y a-t-il un sujet sur lequel il faut que j'insiste, quoi que ce soit qui doive figurer dans le rapport officiel à la direction ?

– La direction ? demanda le petit homme, l'air surpris. Je ne soumettrai rien à la direction avant d'avoir testé sur au moins deux autres points de vente. J'ai besoin de votre document pour convaincre les autres directeurs de magasin.

– Un document ? Mais une simple explication verbale ne serait-elle pas plus efficace ? demanda Paul.

– J'ai essayé, répondit Martin, et ça n'a pas été une grande réussite. Paul, je me suis dit qu'il fallait y aller prudemment, c'est-à-dire commencer par deux magasins seulement. Nous verrons ensuite. » Martin choisit de taire le fait que, selon ses calculs, si deux magasins seulement atteignaient les performances de Paul, une place de premier dans le classement des régions serait facile à obtenir. Au lieu de cela, il ajouta : « Alors bien sûr, je suis allé voir les deux directeurs des magasins qui affichent les meilleures performances, Delacruz et Gary, mais ils ne veulent pas en entendre parler. »

Paul fut surpris d'apprendre que ces deux battants n'avaient pas sauté sur cette opportunité de faire encore mieux. Avant l'inondation, la rivalité pour la première place entre les directeurs de magasin de Midtown Miami et de Boynton avait été ardente. Ce système aurait pu leur donner une bonne chance de devenir leaders au niveau de toute la chaîne.

« Puis-je vous demander ce que vous leur avez dit ? demanda Paul.

– Exactement ce que vous m'avez dit, répliqua le directeur manager d'un ton brusque. Delacruz m'a répondu que tant qu'il serait évalué en fonction des performances du magasin, il ne lâcherait jamais la main sur son stock. S'il transférait son stock au dépôt, n'importe quel autre magasin pourrait s'en emparer, et il serait perdant. Je n'ose même pas répéter le langage qu'il a utilisé.

– Et Gary ?

– Il m'a répondu que jamais il ne prendrait le risque de perdre des ventes en attendant que le dépôt lui envoie une ou deux serviettes. Il préfère avoir ce dont il a besoin à portée de main, dans sa réserve. Pour une fois, ces deux-là étaient d'accord.

– Mais ils n'ont donc pas compris que ce nouveau système rapportait des bénéfices énormes ? demanda Paul, angoissé. Qu'est-ce qui pouvait bien les retenir ? Il ne comprenait pas. Est-ce que c'est parce qu'ils sont tellement inféodés au dogme des gros stocks qu'ils n'arrivent pas à comprendre l'amélioration que représente ce nouveau système ? Depuis des années, ils se battent pour gagner un dixième de pourcent d'amélioration de leur rentabilité, et ce système leur propose 10 % de plus ! Ils ne croient donc pas à mes 17 %. Ils ne veulent pas de ce progrès considérable en nombre de rotations ? Trente, vous vous rendez compte, trente ! »

Voyant à quel point Paul se passionnait pour le sujet, Martin répondit : « Et si vous leur expliquiez vous-même ?

– Aucun problème, répondit Paul. Laissez-moi quelques jours pour préparer mon intervention, je vous la soumettrai, et je les verrai.

– Paul, le temps est un luxe dont nous ne disposons pas, dit Martin. Je connais mes deux stars, ils vont commencer à répandre leur bonne parole et à essayer de saboter le projet. Nous devons agir vite.

– Alors parlons-en à tous les autres managers, aussi tôt que possible, avant qu'ils ne le fassent, proposa Paul. C'est cela qu'il faut faire. Au bout du compte, nous voulons qu'ils s'engagent tous, alors pourquoi ne pas les embarquer tout de suite ? » En arrière-pensée, Paul se disait que s'il n'arrivait pas à convaincre les directeurs dans sa propre région, il y avait peu de chances que la direction accepte d'implémenter le système sur toute la chaîne, et ses découvertes seraient perdues.

« D'accord, acquiesça Martin, sachant que pour atteindre la première place, deux magasins lui suffisaient. Peu lui importait lesquels. Je vous suis. Je vais organiser une réunion de directeurs, où vous présenterez le nouveau système, aussi vite que possible, c'est-à-dire lundi matin. Je vais demander à ma secrétaire de s'en occuper. »

Paul soupira en regardant sortir Martin. Ça n'était jamais facile de convaincre les gens de changer, et pourtant le défi auquel il était confronté faisait monter son adrénaline.

Il fallait qu'il trouve le moyen de convaincre les autres directeurs ; un autre moyen que celui de Martin. Comment pourrait-il les convaincre de relâcher leur pression sur leur stock et de se concentrer sur les avantages du système ? Comment leur expliquer qu'ainsi leur stock serait bien mieux géré et que leur magasin marcherait beaucoup mieux ? La gestion des stocks n'était pas sa spécialité, il appela donc la personne dont c'était le métier.

« Roger, tu es libre ce week-end ? »

# Chapitre 18

Paul ouvrit la porte à Roger. Il était tôt ce samedi-là, le ciel était clair et la brise agréable.

« Merci d'être venu. »

Roger haussa les épaules en entrant dans le hall et dit en souriant : « Un jour de vacances où on travaille, je connais ça… »

Comparée à sa maison, celle de Paul et Caroline était immaculée. Avec ses cinq gamins, Roger ne pouvait que se contenter d'envier l'ordre que les White maintenaient chez eux.

Caroline était assise dans le séjour. Roger échangea quelques plaisanteries avec elle, et ils se dirigèrent vers le salon, à l'arrière de la maison.

« Assieds-toi » fit Caroline en désignant un siège. « Je t'offre un café ? »

Roger prit place dans la chaise Queen Anne et répondit : « Un seul sucre s'il te plaît, Caroline, j'essaie de réduire ma consommation. »

Lorsqu'elle eut quitté la pièce, Roger, un peu surpris, demanda : « Caroline travaille avec nous ? »

Même s'il se trouvait sur un niveau bien inférieur de la hiérarchie par rapport à Caroline, les deux familles étaient amies depuis que leurs filles fréquentaient le même jardin d'enfants. Cela fonctionnait seulement parce qu'ils prenaient bien soin de ne jamais parler travail, Caroline et lui.

Voyant le trouble de son ami, Paul expliqua : « J'ai demandé à Caroline de nous aider parce que cette présentation est très importante pour nous, et très honnêtement, je n'ai aucune expérience dans ce domaine. Et toi ? »

Roger se contenta de rire.

« J'ai même emprunté le portable de Caroline. Elle a les logiciels dernier cri pour faire des diapos animées de qualité professionnelle.

– Très bien. Roger se pencha vers l'ordinateur. Voyons un peu. »

Quand Caroline revint, tasse de café fumant à la main, les deux hommes étaient déjà plongés dans l'ordinateur. « Qu'est-ce que vous regardez ? demanda-t-elle.

– Les trois versions que j'ai préparées pour la page de titre, répondit Paul. À votre avis, laquelle est la plus efficace ? Personnellement, j'aime bien l'animation de la troisième ; vous ne croyez pas qu'un peu d'humour, pour commencer, serait le bienvenu ?

– Tu appelles ça de l'humour, cette chose horrible ? sourit Roger. En plus, je n'aime pas le titre : "Propulser la Floride du sud en première place", ça me paraît un peu trop emphatique, trop égocentrique. Tu vas y perdre des spectateurs dès le début, Delacruz par exemple. »

Paul se tourna vers Caroline :

« Je sais que ça n'est pas le problème, mais personne n'est impressionné s'il n'y a pas d'animations spectaculaires. Mais je suis bloqué. Tout ce qui m'est venu à l'idée me fait revenir à ce que Martin a essayé de faire. Et il a échoué.

– Ce n'est pas une présentation que tu dois faire là, expliqua Caroline. C'est quelque chose de bien plus difficile : une vente. Tu dois vendre ta nouvelle méthode de gestion d'un magasin ; et tu dois la vendre non pas à un public réceptif, mais à une audience hostile. Ils en ont déjà entendu parler et ils l'ont rejetée, tout au moins pour les principaux d'entre eux, les leaders.

– Elle a raison », ajouta Roger.

Paul referma l'ordinateur et demanda : « On commence par quoi ?

– On commence par essayer de comprendre pourquoi ils refusent… hésita-t-elle. En fait, si j'en crois la description de Martin, refuser n'est pas un mot assez fort. Elle réfléchit pour trouver le mot qui convenait, puis, confiante, poursuivit. Pourquoi détestent-ils globalement cette idée ? Ne me dis pas que c'est parce qu'ils résistent au changement, ou qu'ils sont des maniaques du contrôle. Si nous ne parvenons pas à comprendre ce qui a déclenché une réaction aussi violente, tu n'auras aucune chance de les persuader.

– Pour être franc, j'ai été très déçu, dit Roger. J'étais certain qu'au vu des résultats, ils comprendraient que la nouvelle méthode les conduit tout droit au sommet et les transforme en *dream team* de l'entreprise. J'étais sûr qu'ils sauteraient tout de suite dans le train qui gagne. Mais, comme je dis toujours, qui peut comprendre un directeur de magasin ?

– Et bla bla bla, répliqua en riant le directeur du magasin de Boca Raton. Mais Roger, sérieusement, essaie pour une fois de te mettre à notre place. Essaie de comprendre ce que c'est que de vivre en permanence dans un monde d'incertitude. Tu te rappelles la boule de cristal que je te réclamais ? »

Roger acquiesça, et Paul prit ce geste pour un signal d'action. Il se leva et se mit à faire les cent pas.

« En tant que directeur, dit-il, tu ne sais jamais combien de personnes vont entrer dans ton magasin. Et quand ils entrent pour regarder la marchandise, tu ne sais toujours pas s'ils vont acheter. Mais surtout, tu ne sais ce qu'ils vont acheter. Nos prévisions sur ce qui va bien se vendre et ce qui nous restera sur le bras ne sont que pure conjecture… même éclairée.

– Je suis d'accord », acquiesça Caroline.

Paul s'arrêta, se positionna face à sa femme et à son ami et essaya d'expliquer son propos. « Enfin, une cliente est entrée, enfin elle s'est décidée à acheter, enfin elle a décidé de ce qu'elle voulait. C'est déjà un demi-miracle. Mais vous ne l'avez pas en stock. Vous n'avez pas la bonne taille ou la bonne couleur. C'est une vraie douleur ! Pas étonnant que les directeurs de magasins soient paranoïaques quant il s'agit du stock. Vous voyez : le besoin d'en avoir autant que possible est littéralement ancré en nous.

– Mais on ne peut pas avoir un stock illimité, et pourtant c'est ce que voudraient les directeurs de magasin. Si nous voulons être rentables, nous devons contrôler les coûts, pas vrai ? À la fin de la journée, ce qui est important, c'est le ROI. Est-ce que ça compte pour un directeur de magasin ? » demanda Caroline.

Au lieu de répondre, Paul se remit à marcher.

Roger prit le parti de Caroline. « Et en plus, si vous avez trop de stock, vous vous retrouvez avec des surplus. Et ça compte aussi ! »

Sans s'arrêter, Paul répondit : « Je vous en prie, regardez la réalité en face tous les deux. Vous pouvez me dire tout ce que vous voulez sur le ROI et même les rotations de stock ; vous pouvez toujours agiter devant mon nez les surplus gigantesques. La réalité reste que nous sommes conditionnés à vouloir du stock.

Chacun de nos magasins est bourré à craquer de stock. Si on a un peu d'espace, on s'empresse de le combler.

– Je vois ce que tu veux dire, approuva Roger. Mais veux-tu me faire plaisir ?

– Quoi ?

– J'ai l'impression de regarder un match de tennis. S'il te plaît, assieds-toi.

– Désolé ! Paul se rassit et résuma la situation. Vous dites à un directeur de magasin de renvoyer son stock, et à partir de là vous parlez à un mur. Parce qu'on ne leur demande pas de renvoyer un ou deux cartons, mais la plus grande partie du stock. Pourquoi sommes-nous étonnés qu'ils ne veuillent pas en entendre parler ?

– Apparemment, tu as raison, dit Roger. Alors qu'est-ce qu'on va faire ? »

Ils regardèrent Caroline.

« Il faut qu'on creuse, répondit-elle.

– Ce qui veut dire ? demanda Paul.

– Séparons les problèmes et les solutions. Les problèmes sont les ruptures de stock et les surplus, les solutions sont avoir plus de stock et prier pour une meilleure conjoncture.

– Bien dit, opina Paul.

– Je crois que les directeurs de magasin ne voient plus les problèmes, dit Caroline, catégorique.

– Quoi ?! Paul manifesta son désaccord.

– Un peu de patience. Depuis que j'ai compris que les directeurs de magasin sous-estimaient grandement l'impact des ruptures sur les ventes, je n'ai pas cessé d'y penser. Comment ça se peut-il ? Ma seule explication est que lorsque quelqu'un se coltine avec un problème persistant, quand tout ce qu'il essaie échoue, alors des mécanismes de protection entrent en jeu. Au bout d'un certain temps, ces problèmes n'en sont plus pour lui ; ils sont devenus des éléments de la vie avec lesquels il faut bien vivre.

– C'est comme moi. Je me suis aperçu que je ne pouvais pas voler, et je me suis fait une raison. Roger sourit et battit les bras. Mais quand j'étais petit, ça me perturbait vraiment. »

Paul éclata de rire, mais Caroline commenta : « C'est une bonne analogie. Aux yeux des directeurs de magasin, Paul, quand tu leur montres tes chiffres, c'est comme si tu leur promettais de voler.

– Il semblerait, oui », concéda Paul.

Caroline continua son raisonnement. « Nous sommes confrontés à une situation de frustration. Les directeurs de magasins se sont habitués à avoir de très nombreuses ruptures de stock et, en même temps, beaucoup de surplus. Aujourd'hui, ils acceptent l'alligator et ne croient plus à la poule aux œufs d'or. Les deux facteurs qui motivent les gens et les poussent à accepter un changement sont, pour ce qui nous concerne, bloqués par la frustration. »

Quand elle vit que Paul et Roger semblaient d'accord avec elle, elle conclut : « Pour nous, le seul moyen de les convaincre d'adopter le changement est d'éliminer le blocage. Pourquoi jusqu'à ce jour n'a-t-il pas été possible de réduire les ruptures et les surplus ? Pas parce que c'est impossible, tu as prouvé le contraire. C'est parce qu'ils persistent à utiliser des solutions inefficaces ; le blocage, c'est qu'ils continuent à croire à des solutions inefficaces. Nous devons commencer par leur expliquer les mauvais rapprochements qui les conduisent à croire que la solution, c'est de conserver beaucoup de stock tout en continuant à prier pour que la conjoncture s'améliore. Il faut que tu commences par analyser les raisons qui poussent à conserver du stock, les besoins que ce stock satisfait. Une fois que tu auras obtenu leur accord sur les besoins, tu pourras expliquer les mauvais rapprochements, dire pourquoi, malgré la présence d'un stock important, les besoins ne sont toujours pas satisfaits. Ce n'est qu'alors que tu pourras leur montrer que tu leur proposes une meilleure méthode pour satisfaire leurs besoins. Est-ce que tu peux faire ça ?

– Le stock, nous en avons besoin pour une raison, une seule : soutenir les ventes, dit Paul avec confiance. La vraie question est de savoir, vu l'incertitude dans laquelle nous vivons, combien de stock il nous faut réellement.

– Le stock qu'il te faut réellement est celui que tu espères vendre jusqu'au prochain réapprovisionnement, raisonna Roger.

– Bien sûr, approuva Paul. Et nous avons une bonne idée du temps qu'il faudra pour obtenir un réapprovisionnement ; nous connaissons à peu près les délais. Mais nous n'avons qu'une vague idée de ce que nous vendons et des quantités vendues pendant cette période.

– C'est ça le vrai problème, intervint Caroline. L'imprécision de nos prévisions est effarante, la variabilité est trop forte. C'est ce que j'entends à toutes les réunions auxquelles j'ai participé avec les responsables de magasin.

– C'est vrai, dit Paul. Alors qu'est-ce qu'on fait ? Eh bien on fait ce qu'on peut. Pour chaque référence, le logiciel calcule le stock de départ. Nous autres, directeurs de magasins, nous discutons, nous contestons et parfois nous parvenons à modifier ces chiffres, mais soyons clairs, globalement nos interventions ne changent pas grand-chose.

– Si j'étais toi, je m'abstiendrais de le claironner ! conseilla Caroline. Elle se tourna légèrement sur le canapé et attrapa une pomme.

– Tu as raison, acquiesça Paul. Surtout qu'en réalité, c'est le système qui prend toutes les décisions importantes. Sauf dans des cas extrêmes, nous laissons le système décider quand et quelle quantité il faut réassortir. »

Roger plissa les yeux, et Paul réagit en prenant un bloc sur la table basse. Il dessina le célèbre graphique en dents de scie. Désignant le côté gauche du graphique (*voir figure ci-dessous*), il expliqua : « Voilà comment l'entreprise fonctionne aujourd'hui. Voici le stock de départ dans le magasin. Au fur et à mesure des ventes, le stock s'amenuise petit à petit. Une fois qu'il atteint le niveau de stock minimum qui a été prédéterminé, le système génère un ordre de réassort. »

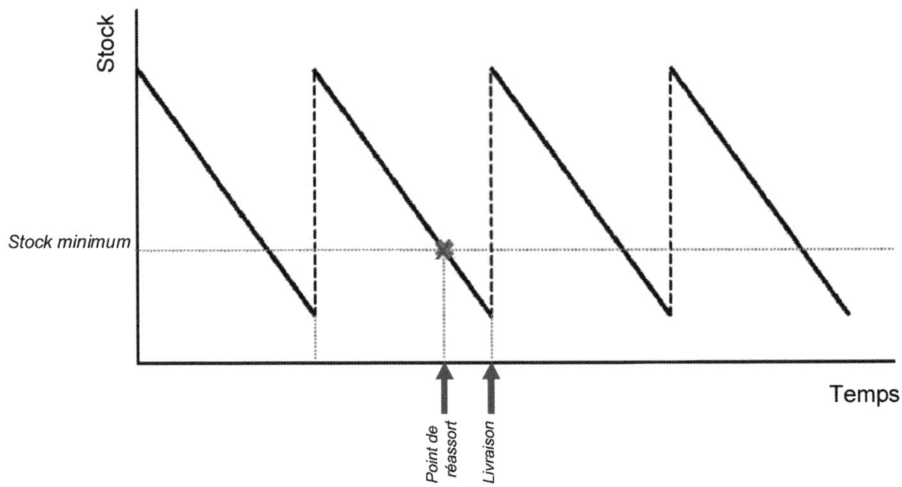


Roger et Caroline hochèrent la tête, et Paul continua son explication :

« Bien sûr, il faut du temps pour que la marchandise soit livrée, et pendant ce délai, le stock continue à baisser. Une fois que la marchandise est arrivée, le stock revient à son niveau de départ et le cycle se répète.

– J'ai vu ce graphe synthétique dans tous les manuels, dit Roger en souriant. Malheureusement, dans la pratique, c'est très différent.

– C'est-à-dire ? demanda Caroline, étonnée. C'est exactement comme ça que nous fonctionnons.

– Oui, confirma Roger, c'est ainsi que fonctionnent nos systèmes informatisés et ceux de nos concurrents. Mais dans ce graphe, la nouvelle livraison arrive toujours avant que le magasin ne soit en rupture de stock. Et nous savons tous que bien souvent, ça n'est pas le cas.

– C'est certain, admit Caroline. Les directeurs de magasins s'arrangent pour que nous, aux achats, nous soyons toujours informés des ruptures de stock, et plutôt deux fois qu'une. S'il ne nous reste, à un moment donné, aucun stock pour environ un quart des références, cela signifie que notre graphe reste à zéro pendant de longues périodes, ajouta-t-elle en baissant la voix. Et vu l'impact considérable des ventes perdues sur la rentabilité, peut-être les directeurs ont-ils raison. »

Pendant qu'elle parlait, Paul refit le graphe corrigé (*voir figure ci-dessous*). Maintenant, la ligne se rapprochait de l'axe de base pendant une longue période. « Attends, nous ne sommes pas en train d'essayer de justifier la hausse des stocks. Nous essayons d'aller au fond du problème. Tâchons de mieux comprendre la situation. Regardez : la distance entre deux pics correspond à la période de réassort. C'est-à-dire le laps de temps qui dicte le niveau de stock de départ que nous devons avoir. Le délai entre l'émission de la commande et la livraison est le délai de livraison : le temps qu'il faut pour produire et expédier. »

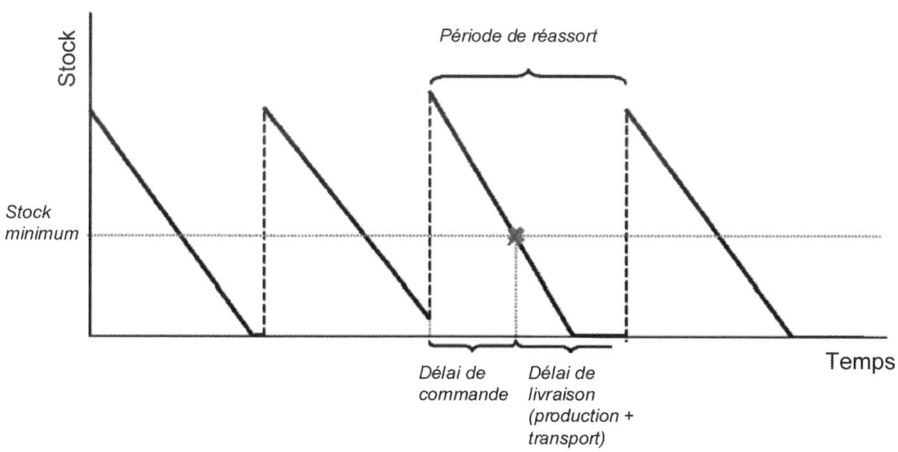


Caroline commenta : « Le délai de production est d'environ 3 mois, et dans la mesure où nous achetons la plupart de nos produits en Extrême orient, le délai d'expédition ajoute encore 6 ou 7 semaines. Mais nous détenons en moyenne

6 mois de stock, ce qui signifie que nos stocks de départ sont plus importants. Alors pourquoi avons-nous autant de ruptures de stock ?

– Regarde mieux, dit Paul. La réponse est devant notre nez collectif ! »

Comme personne ne disait mot, et il développa sa pensée. « Le délai de livraison n'est qu'une partie de la période de réassort. Je commence à vendre à ce point-là, dit-il en désignant un des pics, mais le système ne commande pas tout de suite, il attend que le stock atteigne son niveau minimum. Tout ce temps, entre l'arrivée du stock et le réassort, est en fait du temps perdu. Et c'est considérable, regardez : à peu près la moitié de la période de réassort.

– Pas étonnant que je n'aie jamais assez de délais, dit Caroline sèchement. Ils gâchent la moitié du temps disponible et au final, c'est à moi qu'on s'en prend parce que je n'ai pas livré à temps !

– Oui, je sais. Paul posa la main sur le bras de Caroline. Concentrons-nous sur les magasins. Vous comprenez maintenant pourquoi notre méthode fonctionne si bien ? Nous avons réduit le délai de commande de plusieurs mois à moins d'un jour. Je vends quelque chose, je n'attends pas. J'informe Roger le jour même. »

Caroline regarda le graphique et dit d'un air pensif : « Je vois, mon chéri. C'est instructif, mais il y a quand même quelque chose qui cloche.

– C'est vrai, reconnut Roger. Il y a quelque chose qui manque. Mais heureusement, j'y ai beaucoup réfléchi aussi, beaucoup trop ! Et je crois que je tiens le chaînon manquant de l'explication. »

Paul et Caroline mirent un certain temps à lever les yeux et à se concentrer sur Roger.

« Le problème, dit-il d'un ton sérieux, c'est que nous, en tant qu'entreprise, nous ne tenons pas compte du fait que nous avons des dépôts.

– Roger, tu penses vraiment que c'est le moment de ressortir ton vieux complexe d'infériorité ? dit Paul, et il plaisantait à moitié.

– Je sais que ça paraît bizarre, sourit Roger, mais écoutez-moi. Il fut un temps où nous n'avions pas de dépôts. En fait, même aujourd'hui, beaucoup de chaînes de détail n'ont pas de dépôts régionaux ; tout ce qu'elles achètent est directement livré dans les magasins. Mais comme les entreprises ont commencé à implanter de plus en plus de magasins dans une région donnée, le système économique qui consiste à expédier une grande quantité à un seul endroit et à la répartir dans les différents magasins est devenu de plus en plus indispensable. Au début, les dépôts n'étaient que des plateformes de répartition. Et certains détaillants fonctionnent encore ainsi.

– Continue, encouragea Caroline, c'est intéressant.

– Une fois les entrepôts régionaux mis en place, poursuivit Roger, cela a permis un découplage confortable entre les quantités commandées par chaque magasin et les quantités qu'il était économiquement intéressant de commander aux fournisseurs. Les priorités d'un magasin et celles du service achats sont très différentes ; le fait d'acheter en grandes quantités présente des avantages au niveau du prix, par exemple. »

Caroline approuva et compléta le raisonnement de Roger. « Donc la différence entre les quantités commandées par les magasins et les quantités que j'achète est stockée dans les dépôts régionaux.

– C'est ce qui se passe actuellement, conclut Roger, triomphant.

– Ça paraît logique, commenta Paul. Mais je ne vois pas le rapport avec notre sujet.

– Allons, réfléchis. Roger était authentiquement surpris. Nous avons des dépôts régionaux, mais nous continuons à penser et à réfléchir comme si nous n'en n'avions pas. Le magasin n'est pas approvisionné directement par le fournisseur. Le délai de livraison au magasin n'est que le temps qu'il faut pour transporter la marchandise à partir du dépôt. Nous avons vu que le délai d'acheminement au dépôt était long, puisqu'il inclut à la fois la production et le transport par la mer. Mais le délai de livraison depuis un dépôt régional jusqu'à un magasin est de quelques jours, tout au plus ; la plupart du temps, ça se fait dans la journée. Revenons au graphique, voyons ce qui se produit si on tient compte de ce délai de livraison d'une journée. Si on associe cette donnée avec ce que tu as dit, la nécessité que le délai de livraison soit inférieur à une journée, que se passe-t-il ?

– On a notre solution ! Paul était ravi. Malgré la variabilité, nous ne devrions pas avoir à stocker plus de deux semaines de vente en magasin pour éviter les ruptures. Roger, tu es formidable. Maintenant, ça paraît évident.

– Attendez, attendez. Caroline était moins enthousiaste. Vous venez de déplacer le problème du magasin au dépôt. Les délais de réapprovisionnement sont toujours aussi longs, la variabilité est toujours aussi grande.

– Pas exactement, dit Roger sur un ton jovial. D'abord, si on me laisse conserver le stock plutôt que de livrer à tout prix aux magasins, la situation devrait s'améliorer. Je pourrais vous montrer tout de suite de nombreux cas où un magasin est en rupture sur une référence, tandis qu'un autre dans la même région a la même référence en trop grande quantité. Si nous appliquons notre méthode, les deux boutiques auront la bonne quantité. »

Puisant dans ses souvenirs d'université des vestiges de statistiques de base, Paul comprit la raison de l'amélioration. La variabilité à l'entrepôt, qui livre plusieurs magasins, est beaucoup plus petite que celle qui touche les magasins individuellement. Sachant qu'il fallait approfondir la question, il se garda d'interrompre Roger, qui continuait à parler à Caroline :

« Deuxièmement, le délai de livraison au dépôt régional n'est pas nécessairement long. Sous la menace de cet homme-là, dit-il en désignant Paul, j'ai été obligé de trouver une autre solution. Quand je suis sur le point de manquer d'une référence, j'appelle les autres dépôts. Il ne faut généralement pas plus d'une semaine pour rapatrier la marchandise. »

Paul prit le graphique et son stylo. « Supposons que le dépôt régional n'existe pas, dit-il avec un clin d'œil à Roger, la dent de scie prend cet aspect-là. » Paul dessina une autre forme qui oscillait fréquemment près du niveau zéro sans jamais le toucher (*voir figure ci-dessous*).

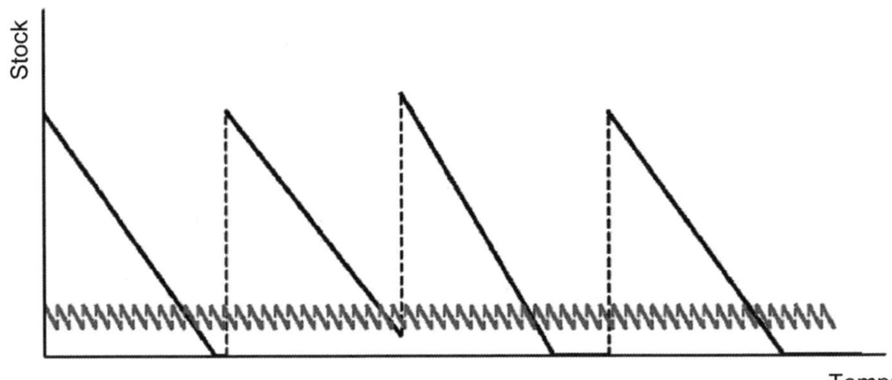


Satisfaits, ils se regardèrent tous les trois.

Caroline résuma : « Maintenant nous avons compris le problème : pour protéger les ventes nous voulons garder davantage de stock, mais pour réduire l'investissement et les surplus nous en voulons moins. Nous avons aussi mis en évidence nos idées préconçues… et erronées qui guident la façon dont nous traitons ce problème actuellement. Maintenant, nous savons qu'attendre jusqu'à ce qu'on puisse commander une quantité raisonnable économiquement parlant est une méthode stupide. Il faut que les magasins commandent dès qu'une vente est faite. Et nous savons aussi que notre idée préconçue selon laquelle il vaut mieux livrer les magasins à tout prix est complètement nocive. Il vaut mieux conserver le stock dans les entrepôts, d'où il peut immédiatement être redirigé vers les magasins qui en ont vraiment besoin. Les gars, c'est du beau travail. Maintenant, non seulement nous obtiendrons un consensus sur le problème, mais aussi un accord sur la direction que doit prendre la solution – c'est-à-dire votre solution.

– Alors nous sommes prêts à faire la présentation ? demanda Roger à Caroline.

– Presque, répondit-elle. Je pense que ce que nous venons de dire suffira à amener les directeurs de magasin à un stade où ils auront envie de commencer à écouter ce que vous avez à proposer.

– Commencer à écouter ? la voix de Paul indiquait que de son côté il était plus optimiste.

– C'est un changement important, argumenta Caroline. Et c'est là qu'apparaissent les « oui, mais... »

– Les directeurs de magasin... soupira Roger. Peu de oui pour beaucoup de mais...

– C'est un changement important. Notre point de départ, c'est : « ça n'a aucun sens, je ne veux pas en entendre parler, insista-t-elle. Préparez-vous, car vous êtes loin d'avoir fini ! Il vous reste beaucoup de travail puisque vous allez devoir imaginer leurs « mais » et trouver une bonne réponse à chaque réserve.

– Je connais bien ces « mais », dit Paul.

Ils continuèrent à travailler jusqu'aux premières lueurs de l'aube.

Une heure avait passé et jusque-là la présentation se déroulait bien. Les directeurs de magasin s'étaient réunis dans une des petites salles de conférence du siège de Hannah's Shop. Roger et Paul avaient terminé la première partie, et avaient donné le signal des questions. « Jusqu'ici, tout va bien », pensait Paul. Ils avaient évité les confrontations, et l'hostilité, tangible au début de la réunion, avait laissé la place à une certaine curiosité.

Ce fut Carter, la plus jeune des managers, qui posa la première question. « Vous avez beau dire, déclara-t-elle, je persiste à ne pas aimer cette idée d'envoyer tout mon stock au dépôt. Dans ce cas-là, si un autre magasin vend mes articles plus vite que moi – et je pense aux magasins plus grands que le mien – le stock qui m'est actuellement alloué sera épuisé au moment où j'en aurai besoin. Je préfère de loin garder le contrôle, plutôt que de perdre ma marchandise. Perdre des ventes... c'est perdre des ventes.

– Je vous comprends, répondit Paul. Aujourd'hui, avez-vous des ruptures de stock ?

– Beaucoup trop.

– Alors, sur les références manquant actuellement, dont vous savez que vous pourriez les vendre si vous les aviez en stock, combien en ce moment même, dorment tranquillement sur les rayonnages d'autres magasins de la région ?

– Je ne sais pas, répondit-elle honnêtement. Beaucoup, j'imagine.

– Nous avons vérifié. Paul dit défiler la présentation jusqu'à une diapo qui représentait un camembert. En ce moment, nos magasins souffrent globalement d'environ 30 % de ruptures de stock. C'est typique de notre activité. Ce qui est plus étonnant, c'est que nous nous sommes rendu compte qu'actuellement, pour 68 % des références qui manquent dans au moins un magasin, il y a dans la région, dans un autre magasin, plus de deux mois de stock. Vous voyez ce que je veux dire ? demanda-t-il. Sans attendre la réponse, il poursuivit. Cela signifie que quand nous fusionnerons nos stocks dans les dépôts, les ruptures baisseront à 10 %. Au minimum, cela correspond à une augmentation immédiate d'au moins 20 % des ventes. Carter, vous n'avez pas envie que vos ruptures de stock descendent à 10 % ?

– Si, bien sûr Paul, mais que se passera-t-il au bout des deux mois ? insista Carter. Prenons l'exemple d'une référence que j'ai en stock, et que les autres magasins n'ont pas. Si je renvoie mon stock au dépôt, j'admets que je suis protégée pendant deux mois, puisque la région dispose de deux mois de stock. Mais après, qu'est-ce qui se passe ? Les achats réapprovisionnent tous les 4 ou 6 mois. Non, je préfère garder mon stock. »

Roger, voyant que Paul était un peu agacé par cette réaction, intervint. « C'est moi qui vais répondre, dit-il. Car c'est là que j'interviens. Aujourd'hui, quand un magasin est à court d'une référence, honnêtement, je ne bouge pas. Je sais que probablement il y en a beaucoup en stock dans les autres magasins. Si vous autres directeurs de magasins ne prenez pas la peine de vous organiser entre vous, alors je ne vois pas pourquoi je prendrais la peine d'organiser un échange en provenance d'une autre région. Je sais qu'une grande quantité des articles dont a besoin un magasin se trouve sur les rayonnages des autres, donc pas question de me prendre la tête avec ça. Mais si nous fusionnons les stocks, ce qui manquera dans un magasin manquera aussi dans les autres. Et là, vous pouvez me croire si je vous dis que je ferai l'impossible pour faire venir les références manquantes d'autres régions. Et il y a plein de stock dans les 9 régions !

– Et ça va marcher ? demanda-t-elle. Si un article marche bien chez nous, il y a de fortes chances pour qu'il se vende bien aussi dans les autres régions.

– Là, c'est mon expérience qui va parler, affirma Roger. Ces derniers mois, j'ai fait de plus en plus d'échanges pour répondre aux besoins croissants du magasin de Boca. Trois fois sur quatre, je n'ai eu aucun problème pour obtenir ce dont j'avais besoin. Ce qui signifie que vos ruptures baisseront de 30 % à 10 % maximum. »

Dwight, le voisin de Carter, lui souffla quelque chose à l'oreille. Cette dernière sourit et reprit : « Si vous arrivez à réduire ne serait-ce que de moitié mes ruptures de stock, je serai ravie. »

La veille, Paul et Roger hésitaient à suivre le conseil de Caroline : attendre, ne pas présenter de chiffres avant d'en avoir terminé avec la baisse des ruptures de stock. Elle avait affirmé que le résultat serait bien meilleur s'ils attendaient que la salle en ait fini avec les objections. Paul regarda son public, essaya d'évaluer la situation. Il ne restait qu'un froncement de sourcils : celui de Delacruz. Bon, on ne peut gagner à tous les coups. Paul but une gorgée d'eau et demanda : « D'autres remarques ? »

Moti, le directeur du magasin de Jupiter, leva son crayon et dit : « Oui, moi ! »

Paul lui fit signe de poursuivre.

« Et s'il y a un problème à l'entrepôt ? demanda le directeur israélien. Par exemple une panne de camion ? C'est arrivé il y a deux semaines, n'est-ce pas Roger ?

– Moti, dit Paul, nous ne sommes pas en train de vous demander de ne garder qu'un ou deux jours de stock. C'est plutôt deux semaines. Nous savons bien qu'un cas de force majeure, comme une panne de camion, peut affecter l'équation. Même sans ce genre de problème, nous avons pris en compte les fluctuations des ventes. Le niveau de variabilité est élevé, nous le savons, mais deux semaines de stock devraient suffire pour protéger les ventes. Imaginez un peu : vous avez deux semaines de vente devant vous pour chacune de vos références. Le camion ne vient pas le mardi, il ne vient que le mercredi. Pas besoin de s'angoisser, vous continuez à vendre – et mieux qu'avant en plus.

– Je comprends bien que deux semaines de stock suffisent, en comparaison des ventes, dit Nick Nguyen, le directeur de la succursale de Palm Beach.

– Je suis ravi que vous soyez d'accord, Nick.

– Et pourtant il reste un problème. Avec seulement deux semaines de vente sur les rayonnages, mon magasin ne sera-t-il pas à moitié vide ?

– Eh bien vous le remplissez avec d'autres références, répondit Paul. C'est ce que j'ai fait. J'avais environ 2 000 références, et le mois dernier j'en ai ajouté 500 de plus. Il y a dans l'entrepôt plus que deux fois la quantité de références présente dans n'importe quel magasin. Et le revenu généré par ces références supplémentaires est énorme. Regardez les chiffres ; c'est l'origine de ma récente hausse de rentabilité. »

Nick se rassit, visiblement satisfait par la réponse. Même Moti, qui avait généralement l'air méfiant, arborait un petit sourire.

« Vous permettez ? » Eleanora était la doyenne des directeurs de magasin. Paul savait que s'il parvenait à la convaincre, le reste serait facile.

Elle nettoya ses lunettes et demanda : « Et si ça ne marche pas ? Si nous avons confié tous nos stocks au dépôt régional, validé le transfert en comptabilité, et que mon magasin va à vau-l'eau ?

– Vous voulez dire que cela marcherait pour tous les autres magasins, que seul le vôtre se casserait la figure ? demanda Martin, le directeur régional, qui s'était tu jusqu'à présent.

– Non, bien sûr, dit la directrice de la succursale d'Orlando. Ça n'aurait pas de sens. Je veux dire si tout le dispositif échoue.

– Si la performance des magasins baisse, nous vous renverrons votre stock d'origine, voilà tout, répondit Martin. Après tout, ce n'est qu'un arrangement interne. Nous avons un bouton « annuler » qui marche à tous les coups ! »

Deux ou trois têtes approuvèrent, signifiant qu'elles acceptaient le message de Martin. Delacruz émit un petit rire pincé.

« Tout ça est bien joli, dit le très chic directeur du magasin de Miami centre, mais il y a une petite chose qui m'ennuie, une chose triviale.

– Toutes les questions sont importantes, répondit Paul hypocritement.

– En fait, tout cela implique que nous nous reposions entièrement sur le dépôt, commenta Delacruz, à la limite du ricanement. À ce jour, aucun d'entre nous n'est satisfait du rythme des réassorts, et je parle de quand on nous livrait des cartons pleins, préemballés. Avec votre système, vous aurez besoin du personnel nécessaire pour traiter des quantités très petites, par exemple un seul malheureux torchon, si c'est ce qui a été vendu. Vous êtes sûrs que le dépôt s'en sortira ? Car ça ne signifie pas seulement des livraisons plus fréquentes, mais aussi beaucoup plus de travail pour chaque livraison. Je vous pose la question parce que quand le dépôt crèvera sous la tâche, nous n'avons pas envie d'y laisser notre peau. »

Paul constata que la plupart des directeurs, après cette question, se montraient tendus.

« C'est ton domaine, Roger, sourit-il.

– Passons à la diapo 17, dit Roger, confiant. C'est une question de logistique, mais c'est plus facile qu'on ne pense. Il poursuivit et présenta en cinq minutes et trois diapos l'idée du mini-entrepôt. Pour résumer, c'est ainsi que j'ai fourni le magasin de Paul. Cela devrait répondre à tous les besoins de la méthode, ça ne posera pas de problème de vous livrer tous. Ma seule limite, c'est le rythme auquel les magasins vont adhérer au système. Je vais devoir organiser le rapatriement de tous les mois de stock détenus par les magasins, l'entrepôt ne pourra donc prendre à bord que deux magasins par semaine. »

Paul vérifia à nouveau l'expression des neuf directeurs. À part Delacruz et sa grimace de doute, les autres semblaient détendus.

Ayant repris courage, il arbora son profil le plus commercial et son sourire le plus vendeur et dit : « Merci pour votre question Delacruz. D'autres questions ? »

Aucune main ne se leva, et Paul joua son va-tout.

« Alors, qui commence ? », demanda-t-il, et quatre mains se levèrent. Martin choisit Eleanora, la doyenne des directeurs, et Dwight, dont le magasin de Homestead occupait la dernière place du classement régional depuis des années.

Martin remerciait l'assistance de son attention lorsque Gary l'interrompit. « Attendez, attendez. »

Paul se renfrogna : il était sûr que Gary, qui une semaine auparavant avait rejeté le système, allait émettre une critique.

« Paul, vous pourriez refaire cette présentation à mes responsables de département ? »

Une fois la présentation terminée, Paul se rendit au bureau de sa femme pour lui faire part de leur succès. De son côté, Caroline se montra très contente, pas seulement parce que la présentation avait convaincu les autres directeurs, mais à cause de l'étincelle qui avait fait sa réapparition dans le regard de son mari.

« Et grâce à ton idée, résuma Paul, tout s'est passé en douceur. Au début, nous les avons convaincus de la nature du véritable problème, puis nous leur avons fait comprendre les mauvais rapprochements qu'ils faisaient, et ce n'est qu'à ce moment-là que nous avons expliqué notre solution.

– Formidable. Et les « oui, mais… » ? demanda-t-elle. Elle apporta deux flûtes et une bouteille de champagne qu'elle avait préparées.

Paul lui raconta la séance des « questions-réponses ».

« Intéressant, nota Caroline. Il y avait deux sortes de « oui, mais… »

– C'est-à-dire ?

– La remarque de Carter qui craignait de perdre le contrôle de ses stocks, répondit-elle, était liée à la possibilité que le changement ait des ramifications négatives. C'est la première sorte. Quand tu en as eu terminé avec ceux-là, c'était le tour des autres « oui, mais… ». Les réserves de Delacruz étaient différentes par nature des précédentes. Il n'a pas attaqué la qualité de votre solution. Il a soulevé un obstacle qui pourrait empêcher la réussite de sa mise en œuvre. En un sens, il était de votre côté ! »

Paul fit une grimace : « Mais bien sûr ! Ça m'a fait penser à quand on épluche un oignon : une couche de résistance, puis une autre… Et franchement, si tu ne m'avais pas conseillé de me préparer à tous les « oui, mais… », je crois que j'aurais laissé tomber à ce stade et que j'aurais perdu patience. Toutes leurs réserves, que j'accepte maintenant car ils étaient tout à fait légitimes d'explorer la validité du changement qu'on leur proposait, s'exprimaient de façon tellement négative. C'était comme s'ils faisaient tout leur possible pour me mettre des bâtons dans les roues. C'est tellement facile de tomber dans le piège et de s'imaginer que les gens se contentent de résister au changement…

– Et à partir de là, on n'est pas loin d'essayer de l'imposer par la force, acquiesça Caroline. Au lieu de cela, tu as épluché l'oignon, couche par couche, dans le bon ordre. Et maintenant ils sont prêts à te manger dans la main, sourit Caroline, ou au moins à avaler la solution toute crue. C'est du bon boulot !

– L'chayim[6] », dit Paul en levant son verre pour trinquer avec elle.

---

6. « À la vie ! » en hébreu.

# Chapitre 19

« Tu connais la différence entre un plié et un relevé ? demanda Paul en riant.

– Pas du tout ! répondit Roger. Je regarde Liz et j'essaye d'applaudir quand je peux. »

Pendant l'entr'acte du spectacle de danse classique de leurs filles, Paul et Roger avaient reçu pour mission de rapporter à boire pour leurs épouses. Roger demanda au barman deux sodas et dit à Paul : « Tu as su que Delacruz avait fini par accepter ?

– Tu veux dire qu'après toutes les grimaces qu'il a faites pendant la présentation, il a finalement rejoint le reste de la région ? demanda Paul. Vu que le mois dernier il est arrivé neuvième, et ce mois-ci dixième, je parie qu'il a couru voir Martin et qu'il a trouvé une excuse pour se faire engager dans le processus.

– Oh, dit Roger, ça explique tout.

– Donc maintenant qu'il nous a rejoints, ton travail doit être plus facile, raisonna Paul. Tout le monde est à bord, tu n'as plus besoin d'utiliser les deux méthodes simultanément. Le système roule bien, non ?

– Bien ? grimaça Roger. Je ne dirais pas ça !

– Et pourquoi ? Martin t'a bien fourni les chariots et le personnel qu'il t'avait promis ?

– Oui, Roger apaisa son ami au moment où ils se frayaient un chemin dans la foule pour rejoindre leurs épouses. Et avec ces nouveaux arrangements, l'entrepôt fonctionne bien. Mais j'ai de plus en plus de problèmes avec les échanges. Nous vendons tellement plus que l'entrepôt souffre de plus en plus de ruptures.

– Mais tout le monde a transféré son stock chez toi. Tu dois avoir plus de marchandises qu'avant.

– C'est exact.

– Plus de marchandises, et pourtant plus de ruptures ? Les marchandises en plus devraient réduire les ruptures, au contraire ! dit Paul.

– Au total, nous avons moins de ruptures qu'avant que nous fusionnions les stocks au dépôt, expliqua Roger. Comme nous l'avions prévu, il n'existe plus de ces cas où un magasin est en rupture et où je n'ai pas de marchandise pour le réapprovisionner, alors qu'il y en a des tas dans un autre magasin. Mais la fusion ne m'aide pas quand il y a rupture dans toute la région. »

Paul mit sa main sur l'épaule de Roger pour l'empêcher de s'incruster dans la photo de famille qu'on était en train de prendre.

« Merci, poursuivit Roger après extinction du flash. Le problème est que quand j'ai annoncé que je ferais venir les bonnes ventes des autres dépôts, je ne me rendais pas compte de ce à quoi je m'engageais. C'est vraiment beaucoup de boulot.

– J'imagine, dit Paul, compatissant.

– Tu ne comprends pas, dit Roger, amer. Lorsque je demandais des échanges pour ton magasin seulement, j'ai eu une fausse impression de ce que ça représenterait de le faire pour toute la région. Je suis tombé droit dans le piège, les yeux fermés !

– Je dois admettre que je ne comprends pas, commenta Paul. De quoi tu me parles ? »

Avec un gros soupir, Roger expliqua. « Quand tu étais à court d'une référence, il me suffisait d'un ou deux coups de fil pour m'en procurer une bonne quantité, l'équivalent de six mois de vente pour ton magasin. Et cela durait jusqu'à ce qu'arrive la livraison suivante du fournisseur. En un coup de fil, je n'avais plus à me soucier de ta référence. Mais maintenant, je réapprovisionne 10 magasins. Et la même quantité ne dure que 10 jours. Et je ne m'en sors jamais, puisqu'il s'agit toujours des mêmes références. Tu sais après combien de ces références je cours en ce moment ? Plus de mille !

– À ce point ? Paul repéra leurs épouses à l'autre bout du foyer.

– Non, pire, répondit Roger. Autrefois, j'appelais deux, maximum trois dépôts pour trouver ce dont j'avais besoin. Maintenant, après trois ou quatre tours de table, je ne trouve plus rien dans aucune des régions. Je passe ma vie au téléphone.

– Et je parie que les autres dépôts ne sont pas toujours prêts à t'aider, ajouta Paul. Je me rappelle comment c'était avant, quand j'essayais de me procurer des articles dont j'avais besoin auprès d'autres magasins de la région : ils pensaient que ça voulait dire que l'article se vendait bien. Et le pire c'est que plus nous vendons, plus ça va s'accentuer.

– Oui, répondit Roger. Jour après jour, ils commencent à comprendre. Karl, de l'entrepôt de Louisiane, m'a dit franchement l'autre jour qu'il avait bien remarqué que si je lui demande un article, ses magasins vont lui demander le même d'ici un mois ou deux. La chasse aux best-sellers n'a pas de fin, et de plus en plus souvent je reviens bredouille. »

Paul n'avait pas réalisé combien ce travail pouvait être frustrant. « Tu regrettes de t'être engagé là-dedans ? demanda-t-il.

– Pas du tout, répondit Roger. Je ne voulais pas te donner cette impression, désolé !

– Moi, avoir une impression ? Jamais ! dit Paul en souriant.

– Paul, c'est dur mais ça en vaut la peine. Je sais que chaque lot que j'arrive à me procurer a un impact direct sur la rentabilité de l'entreprise, un véritable impact. Globalement, c'est beaucoup mieux qu'avant.

– Qu'est-ce qui est mieux qu'avant ? demanda Liz à son mari.

– Nikki quand elle danse. Roger embrassa sa femme sur la joue. Non, nous parlions boulot.

– Quoi encore, demanda Caroline.

– Nous parlions des problèmes auxquels Roger est confronté, dit Paul en tendant à sa femme un gobelet en carton. Il passe sa vie à la recherche des articles manquants dans la région. Si quelqu'un des achats pouvait nous fournir les best-sellers plus vite qu'à l'habitude…

– Les gars, ça n'est pas de moi que ça dépend, expliqua Caroline. Peux-tu me fournir des prévisions précises de ce ton magasin vendra dans six mois ?

– La dernière fois que nous sommes allés à la boîte aux lettres, la boule de cristal n'était pas encore arrivée, ricana Roger.

– Nous faisons au mieux avec ce que nous avons, résuma-t-elle d'un ton professionnel. Vous le savez, il ne s'agit pas d'un problème de logistique interne comme le vôtre. Sans prévisions exactes, je dépends entièrement des fabricants.

– Il ne s'agit pas de tous les articles, plaida Paul. Il s'agit des best-sellers. Cette région perd beaucoup d'argent à cause des ruptures de stock. Rien que chez moi, les ventes ont baissé d'à peu près 5 %. Multiplie ça par dix magasins et par le temps que ça prendra jusqu'au prochain arrivage. C'est effrayant.

– Je sais, et les conséquences pour la chaîne sont dix fois ça, nota Caroline. Mais je vous l'ai dit, je n'y peux rien. »

Roger intervint. « Je pense tout petit, juste sur ma région. Y aurait-il un moyen pour que les fabricants mettent la gomme sur les petites quantités dont nous avons besoin, juste sur la région ? Ils pourraient peut-être les glisser entre les énormes livraisons qu'ils produisent pour la chaîne ?

– Je vais voir ça », Caroline ne s'engageait pas. Darren avait raison dès le début, pensa-t-elle. La moitié de la puissance de cette méthode reposait sur une seule ressource – le surplus dans les autres régions – et c'était une ressource limitée, en plus. S'il existait une clé pour résoudre ce problème, c'était dans les achats. Tout le monde accusait tout le temps les achats. Et s'ils avaient raison…

« Ça sonne, dit Liz, on y retourne. »

# Chapitre 20

Martin était suffisamment de bonne humeur pour siffler dans l'ascenseur qui l'amenait au dernier étage. Dans le dernier rapport mensuel, sa région était une nouvelle fois première, loin devant les autres. Une telle hausse des ventes, associée à des rotations de stock à deux chiffres, on n'en avait jamais vu, c'était incroyable. En plus, chaque magasin détenait de plus en plus de références. Il était persuadé qu'il garderait longtemps sa première place.

Le directeur régional, imposant malgré sa petite taille, descendit le couloir et marcha jusqu'au bureau du directeur général, où la secrétaire lui fit signe d'entrer. Assis derrière son bureau de pin sombre, Christopher accueillit son subordonné et le pria de s'asseoir.

« Bravo pour le classement, lui dit-il. Je vois que vous avez su motiver vos équipes : les derniers résultats sont extraordinaires. Continuez comme ça. »

Martin éprouvait nettement un sentiment de déjà-vu. « Merci, monsieur. Il a fallu planifier et superviser pour être sûrs du succès.

– Alors pourquoi vouliez-vous me voir ? demanda Christopher, curieux. L'entretien annuel devait avoir lieu le mois suivant.

– Monsieur, cette première place, nous ne la devons pas seulement au travail, répondit Martin. Mes équipes ont mis au point une nouvelle méthode, dont je suis aujourd'hui convaincu qu'elle est durable, et je souhaiterais recommander sa mise en œuvre dans les autres régions.

– Et ça fait combien de temps que ça fonctionne, votre nouveau système, un trimestre, c'est ça ? » À l'évidence, le directeur général était moins enthousiaste que le directeur régional. Voyant que Martin acquiesçait, il poursuivit. « Prenons un peu de perspective, vous voulez bien ? Quand les ventes de votre région ont grimpé, il y a trois mois, j'ai commencé à la surveiller de près. J'ai analysé vos chiffres. J'ai lissé l'impact de la progressivité avec laquelle les magasins se sont engagés, ainsi que celui de l'ajout de nouvelles références, et la véritable tendance m'est apparue. Vous avez obtenu un véritable bond au départ, mais depuis lors, chaque mois, vos surplus se sont mis à remonter et vos ventes ont baissé d'autant. Si j'en crois mes calculs, vous devriez être revenus à la case départ dans moins de six mois.

– Mais c'est parce que nos best-sellers s'arrachent, dit Martin. Et c'est de plus en plus difficile de les trouver dans les autres régions.

– Exactement, c'est une tendance, répliqua Christopher. Votre hausse de départ était formidable, mais avec le temps, vos chiffres reviendront à la normale.

– Laissez-nous un peu de temps, expliqua Martin. Vous verrez que les chiffres resteront bons, et que ce nouveau système peut s'appliquer à toute la chaîne.

– À quel prix ? Christopher fronça les sourcils et défia son subordonné. Grâce à ce pic ponctuel, votre entrepôt régional fait cinq fois plus d'échanges que n'importe quelle autre région. Son taux d'efficacité s'est effondré. Vous venez de me dire que l'augmentation des ventes est liée aux échanges. À votre avis, que se passera-t-il quand les autres régions s'en rendront compte et se montreront moins généreuses quand il s'agira de vous envoyer de la marchandise ? En plus, si toute la chaîne fonctionne ainsi, les best-sellers seront introuvables ! Dans les autres régions, on en aura besoin tout autant que vous !

– Mais même les produits qui ne sont pas des « best » se vendaient mieux, se défendit Martin. Christopher resta sur sa position.

– Mais pas assez pour justifier une révolution complète de notre mode de fonctionnement. Ces derniers temps, votre dépôt détient quatre fois plus de stock que vos magasins, ce qui est exactement l'inverse de ce qui se fait dans notre secteur. Soyons lucides. Avez-vous des données pour me démontrer que votre méthode est opérationnelle et durable pour toute la chaîne ? Non. C'est pour cela que jamais personne dans ce secteur n'a essayé cette nouvelle méthode.

– Je sais que c'est innovant, dit le directeur régional en se tortillant sur son siège, mais ça n'est pas une raison pour ne pas le faire. Le système a beaucoup d'avantages. Par exemple, aujourd'hui chaque magasin stocke 500 références de plus qu'avant, et cela a un impact important sur la hausse des ventes.

– Et la logistique a de plus en plus de mal à s'en sortir.

– Nous avons résolu ce problème, répondit Martin. Nous avons mis au point un nouveau système informatique. »

Les mots « système informatique » n'étaient pas plutôt sortis de la bouche de son subordonné que le visage de Christopher G. Smith se figea.

« Ah non ! Encore un système informatique. Ces nouveaux systèmes informatiques me rendent fou. Nous avons à peine fini de réparer les dégâts provoqués par le dernier. Je ne suis pas certain que ça valait la peine. Aujourd'hui, nous avons perdu de l'argent dans ce fichu logiciel, avec ses bugs. Quant au nouveau modèle de prévisions, il nous coûte une fortune, il a provoqué de nombreuses migraines, et ses prévisions sont aussi ridicules que celles de l'ancien. Je n'ai vraiment pas besoin de faire travailler le DSI sur un nouveau projet, un de plus ! » Christopher s'était montré ferme, c'est le moins qu'on puisse dire. À moitié debout, il dominait son bureau et Martin. « Nettoyer les données, reprogrammer les champs et les menus, former à nouveau toute l'équipe, tester, déboguer encore et encore. Henry n'acceptera jamais une telle idée, point à la ligne. Je suis désolé d'être si catégorique, mais je n'approuve pas. »

Christopher s'interrompit. Il n'avait pas voulu décourager son subordonné. « Néanmoins, dit-il en se rasseyant lentement, je me rends bien compte des efforts que cela vous a demandé, à vous et à toutes les équipes de la région. Et vos résultats sont excellents… pour le moment. Continuez comme ça. »

S'étant fait éconduire de la sorte, Martin repartit, un peu plus humble. Manifestement, ce n'était pas la peine d'insister.

Au moment où il entrait dans l'ascenseur, il comprit que ça n'avait pas d'importance. Il était certain que le succès se prolongerait. Et il ne craignait pas que les autres régions arrêtent de lui envoyer les marchandises. Elles ne le faisaient pas par générosité mais pour se débarrasser de leurs gigantesques surplus.

Il avait fait ce qu'il avait à faire, alerté son patron, présenté les avantages du système. Mais à vrai dire, si sa région restait la seule à stocker au dépôt la seule à se réapprovisionner quotidiennement en fonction de la consommation, il conserverait certainement son bon classement.

Et comme Christopher était proche de la retraite, deux ou trois ans passés au top du classement des managers lui garantiraient que son nom s'afficherait bientôt sur la porte du Directeur général. Il pouvait se permettre un peu de patience. Le jeune gars qui avait démarré en tant qu'assistant chef de rayon bien des années auparavant, avait grimpé les échelons et était devenu le directeur régional de la Floride du sud. Aujourd'hui, il voyait son chemin serpenter jusqu'en haut de la montagne !

# Chapitre 21

Caroline était au meilleur de sa forme. Après deux heures de réunion avec le fournisseur principal de Hannah's Shop, elle savait qu'elle avait tiré tout ce qu'elle pouvait de son P-DG. Assise au bureau du Président, dans ses locaux de New Delhi, Caroline sourit en paraphant le bas des bons de commande pour les six mois à venir.

« C'est toujours un plaisir de travailler avec vous, dit M. Gupta avec un accent britannique typique. J'espère vous revoir bientôt.

– En fait, il y a autre chose », répondit Caroline.

Quelques semaines auparavant, elle avait promis à Paul qu'elle ferait tout son possible pour faire envoyer les références que Roger n'avait pas pu obtenir des autres dépôts.

Dans l'intervalle, elle avait beaucoup réfléchi à la question. Elle avait fait des calculs qui l'avaient convaincue qu'elle n'avait pas accordé suffisamment de poids à l'impact financier des ruptures de stock. Néanmoins, réduire les ruptures signifiait demander aux fournisseurs d'expédier de petites quantités. Serait-ce difficile pour eux ? Combien cela lui coûterait-il d'obtenir de ses fournisseurs qu'ils le fassent à long terme ? Et à l'échelle nécessaire ?

La seule conclusion qu'elle ait pu tirer de ses réflexions fut que malgré le fait que pendant tant d'années, elle avait travaillé avec ses fournisseurs, elle savait en fait bien peu de choses à leur sujet. Elle savait que des prix élevés constituaient leur poule aux œufs d'or, mais que leur coûterait le fait de lui fournir en urgence de petites quantités ? Quels étaient leurs alligators à eux ? Qui était leur sirène ?

Il fallait qu'elle obtienne la réponse à ces questions, et la première étape était de parler du problème et d'écouter attentivement leurs réactions.

« La dernière fois que nous nous sommes vus, dit Caroline, j'ai commandé 5 000 parures de drap ETL. Je sais qu'elles ne partiront en principe que dans trois mois, mais je me demandais si vous pourriez les expédier avant.

– C'est-à-dire ?

– La semaine prochaine, ce serait formidable, essaya Caroline. Est-ce qu'il y aurait moyen d'accélérer le mouvement ?

– Pourquoi faut-il toujours que les choses se fassent au dernier moment, demanda M. Gupta. Son ton avait changé et s'était franchement refroidi. Si vous me demandiez quelques centaines, peut-être, mais plusieurs milliers, c'est impossible !

– Vous voulez dire que vous pourriez m'en envoyer quelques centaines la semaine prochaine ? dit Caroline, surprise.

– Peut-être. Le fournisseur indien tira sur sa petite moustache. Tout dépend de la teinture du tissu : si elle est terminée sur une proportion suffisante, cela pourrait se faire. De combien en avez-vous besoin ? »

Caroline fit un bref calcul mental. Cinq mille suffisaient pour six mois. Ce qui signifiait que la chaîne en vendait environ 200 par semaine. « Deux cents » répondit-elle. Cela devrait suffire largement pour la Floride du sud.

Voyant que Gupta se préparait à passer un coup de fil, elle décida de tenter le tout pour le tout. « Deux cents par semaine toutes les semaines jusqu'à la date de la livraison globale. » Si 200 satisfaisaient les besoins de la région de Paul, 200 par semaine satisferaient toutes les régions.

M. Gupta appela son gestionnaire de matériaux et lui posa une question en Tamoul. En attendant la réponse, il expliqua : « La couture se fait par petits lots, au maximum une douzaine de douzaines. Le tissage et la teinture, c'est tout autre chose. Ici, pour faire un bénéfice, même petit, nous avons besoin de traiter de grandes quantités. »

Le téléphone laissa échapper quelques sons. Il écouta puis dit : « Vous avez de la chance. Apparemment, nous avons teint la semaine dernière suffisamment de tissu pour 1 000 unités. Si je vous en envoie 200 par semaine, cela nous donnera le temps nécessaire pour teindre le reste du tissu nécessaire. C'est bien ce que vous voulez ?

– Absolument, affirma Caroline.

– Et les conditions de paiement ? demanda M. Gupta.

– Procédures standard, Caroline se demandait pourquoi il avait posé la question. Après tout, Hannah's Shop avait toujours fonctionné ainsi. À 45 jours de la réception.

– Ça n'est pas très juste, remarqua Gupta. Vous me demandez des expéditions partielles, pourquoi devrais-je attendre mon argent ? Je comprends que vous retardiez le paiement jusqu'à ce que toute la commande soit livrée quand il manque quelque chose, mais dans ce cas, vous me demandez une livraison avancée et partielle.

– Désolée, je devrais sans doute reformuler ma réponse, s'excusa Caroline. J'aurais dû être plus claire. À quarante-cinq jours de la réception de chaque livraison hebdomadaire. »

Cela ne sembla pas apaiser Gupta. « Nous livrerons la commande en plusieurs cargaisons, ce qui signifie que vous paierez plusieurs fois sur le même bon de commande. Pourriez-vous faire en sorte que votre comptabilité ne profite pas de l'occasion pour retarder le règlement ? »

Caroline s'engagea volontiers à s'en occuper personnellement, comprenant bien que ce système de paiement par livraison hebdomadaire ouvrait la voie à des arrangements comparables pour l'avenir. La poule aux œufs d'or de Gupta, ce n'était pas seulement des prix élevés, mais une meilleure trésorerie. En fait, en expédiant par petites quantités – une démarche qui se révélait beaucoup moins difficile que prévu – il ne lui faisait pas de faveur ; en fait, c'était un bon accord pour les deux parties. Caroline recevait sa marchandise plus tôt, lui recevait ses paiements hebdomadaires pendant trois mois, au lieu d'une grosse somme à la fin de la période. Sa trésorerie devrait s'améliorer grandement ! Pas étonnant qu'il soit aussi arrangeant !

Pour éviter tout malentendu, M. Gupta dit : « Vous êtes consciente que nous devrons vous facturer le transport trois fois plus cher, puisque la quantité commandée est loin de remplir un container. »

Le visage de Caroline s'assombrit. Elle voulait faire grimper les ventes de l'entreprise, mais pas augmenter ses dépenses. D'un côté, les ventes supplémentaires résultant des livraisons avancées compenseraient largement le surcoût du transport, mais payer plus, c'était contre ses principes.

Voyant son expression, et craignant de perdre un arrangement potentiellement avantageux, M. Gupta suggéra : « Peut-être y a-t-il d'autres articles que nous pourrions vous livrer toutes les semaines en attendant la livraison globale ? Si vous faites la même chose pour d'autres références, nous réussirons à remplir un container. »

Caroline sourit. Elle double-cliqua pour ouvrir la liste de Roger. Cette liste contenait les articles qu'il ne pouvait plus rapatrier des autres dépôts régionaux. En moins de 15 secondes, elle en extrait les articles provenant de l'entreprise de M. Gupta. Elle tourna son ordinateur face à M. Gupta et dit : « J'ai une vingtaine d'autres références. Le tissu est-il fini de teindre pour ces articles-là ? »

La teinture n'était terminée que pour quatre d'entre eux.

« Ce n'est pas suffisant, dit-il, soucieux. Attendez. J'ai une idée. Toutes les parures que vous me demandez d'envoyer sont de taille *king size*. Mais vous m'avez aussi commandé des *queen size*. Et c'est exactement le même tissu pour les deux produits. Peut-être… »

Il ne termina pas sa phrase, mais il en avait assez dit. « Si, à valeur égale, je change ma commande de *queen size* en *king size*, votre commande sera inchangée, conclut Caroline. Vous pouvez faire ça ?

– Tant que le tissu n'est pas coupé, il n'y a pas de problème », lui confirma Gupta.

La similitude du tissu teint, celle de certains tissus bruts, conjuguées avec la volonté de part et d'autre de faire passer le matériau d'un produit à un autre contribua à faciliter les choses. Presque la moitié des articles de la liste de Roger fournis par cette entreprise commenceraient à être expédiés la semaine suivante.

Ce que Caroline trouva le plus surprenant fut que dès qu'elle eut compris ce qu'était la poule aux œufs d'or pour ses fournisseurs, et en quoi consistait leur problème principal – les grandes quantités ne sont indispensables que pour le tissage et la teinture, mais le jour même, de petites quantités étaient déjà normalisées pour l'étape de la couture – elle n'avait plus rencontré de résistance.

Elle comprit néanmoins que la solution n'était pas complète, loin de là. Mais elle constituait un grand pas en avant, sans aucun doute. On pourrait réagir plus vite face aux ruptures de stock. Il était aussi possible de raccourcir considérablement le délai de production pour ces cas.

Au moment de conclure l'accord, Caroline ne put s'empêcher de remarquer quelque chose d'important : son partenaire semblait ravi. Sa trésorerie y gagnait, et il travaillait sur des quantités plus petites, plus faciles à traiter. Ce n'était pas si souvent qu'un accord était gagnant pour les deux parties. Ses autres fournisseurs seraient-ils si accommodants ?

# Chapitre 22

« Alors, que voyons-nous ici ? Henry fit glisser le rapport mensuel sur son bureau. J'avais raison, les performances de Paul ont tenu beaucoup mieux que tu n'avais prédit.

– J'ai vu ces chiffres, répondit Christopher en s'asseyant face à son vieil ami et patron. Ceux de Paul et de toute la région de Floride du sud. Ils sont bons. Mon problème, c'est qu'ils sont trop bons. Je ne comprends pas.

– Lis sur mes lèvres, rétorqua Henry. Quand on réduit les ruptures et qu'en même temps on ajoute plus de références, les profits grimpent, c'est normal.

– Ça, je peux le comprendre. Christopher était agacé, et cela se voyait. Mais c'est bien toi qui insistes toujours pour que nous suivions ta règle numéro je ne sais plus combien : si on ne comprend pas, on ne bouge plus jusqu'à ce qu'on comprenne.

– Qu'est-ce que tu ne comprends pas ? demanda Henry. Et d'une voix plus douce il ajouta : Christopher, qu'est-ce qui ne va pas ?

– Encore une de tes règles, répondit Christopher. Si on ne traite pas directement le cœur du problème, inutile d'attendre des améliorations significatives. Le cœur du problème, nous en avons discuté des centaines de fois, c'est que ne nous sommes pas capables de prévoir de façon suffisamment précise la future demande, et que notre délai de réapprovisionnement est très long. Alors nous finissons par acheter trop peu de certains articles et trop d'autres. Les changements intervenus dans cette région n'ont rien à voir avec ce que nous achetons. La différence entre ce que nous achetons et ce que nous vendons reste la même. Et tant que ça durera, comment pourra-t-on attendre de meilleures performances ?

– Tu as raison, cette nouvelle méthode ne corrige pas l'inadéquation inhérente qui se fait sentir au niveau des achats, répondit Henry. Mais elle résout en revanche l'inadéquation inhérente au niveau logistique. Tu ne tiens pas compte du fait que nos prévisions par magasin sont encore pires que celles sur lesquelles se base le service achats. Nous ne pouvons pas remédier à l'inadéquation externe, mais ils ont remédié à l'inadéquation interne ; voilà d'où viennent ces incroyables performances. »

Il leva la main pour parer la réponse de Christopher. « Écoute-moi. Comme nous n'avons pas de prévision exacte au niveau du magasin, nous expédiions trop de marchandises à un magasin, et trop peu à l'autre. Voilà ce qui a été réparé. En utilisant le fait qu'à l'interne, le délai de réapprovisionnement est très court, ils ont forcé les magasins à ne détenir que ce dont ils avaient besoin à court terme. Le résultat, c'est que les articles qui dormaient au magasin de Boynton sont maintenant disponibles à la vente dans le magasin des Keys. Cette méthode d'utilisation des stocks est plus intelligente, et elle est devenue systématique. Voilà ce qu'ils ont réussi. En plus, comme nous l'avons déjà dit, cela permet à chaque magasin de détenir davantage de références ; et nous utilisons plus prudemment ce que nous avons. »

Christopher réfléchit un instant. Il marcha jusqu'à la fenêtre et profita de la vue de Midtown Miami qui s'offrait à lui du haut du quatorzième étage.

« Mais personne n'a jamais travaillé comme ça, dit-il, méfiant. Il va falloir être très prudent.

– D'accord, mère poule. Nous serons très prudents, sourit Henry. Mais je pense que nous avons suffisamment d'éléments pour donner le feu vert, d'accord ?

– D'accord, mais quand même, il va falloir regarder ça de plus près, répondit Christopher. Je m'en occupe.

– À ton avis, qui devrait prendre la direction de ce changement ?

– La question se pose-t-elle vraiment ? Christopher regarda droit dans les yeux le président de Hannah's Shop. C'est l'idée de Paul, c'est son initiative. C'est lui qui la comprend le mieux. Il en connaît aussi les embûches. De plus, Paul est un des managers les plus opérationnels et les plus consciencieux que je connaisse. Cela fait longtemps déjà que je te demande pourquoi il perd son temps à des postes subalternes. Je sais qu'il ne veut pas de traitement spécial, mais nous aurions dû le faire passer au niveau cadre supérieur il y a longtemps.

– D'accord, je vais lui en parler, Henry était absolument ravi. Tu penses à quel poste ? Vice-président exécutif de la réorganisation ?

– Je te propose quelque chose de plus simple, du genre directeur général.

– Quoi ?

– Cela fait longtemps que je suis dans l'entreprise, Henry, répondit Christopher en se passant la main dans les cheveux pour essayer de domestiquer ses épis blancs. Plus longtemps que toi, en fait. Quand tu étais à l'université et que tu t'en allais faire la fête, c'était moi qui faisais l'esclave au magasin auprès de ta mère, Dieu la bénisse ! Tu pensais que j'allais faire quoi ? Te regarder filer jouer avec tes petits-enfants et rester assis là, à attendre les ordres de la fille que je faisais sauter sur mes genoux ? Tu plaisantes ! Je crois qu'après 40 ans de bons et loyaux services, j'ai gagné le droit de choisir mon successeur.

– Mon cher ami, répondit simplement Henry en prenant son téléphone, je suis entièrement d'accord avec toi. Laisse-moi passer un coup de fil.

« Henry, quelle surprise ! s'exclama Lydia. À quoi dois-je le plaisir de cet appel si tôt le matin ? »

Henry sourit : sa femme avait de l'humour. « Qu'en dirais-tu si j'invitais Paul et les enfants à dîner ce soir ? Cela fait longtemps que je n'ai pas vu Ben et Lisa.

– Qu'est-ce que j'en dirais ? Henry visualisait littéralement l'expression d'étonnement de son interlocutrice à l'autre bout du fil. Qu'est-ce que tu mijotes ?

– Oh rien, ma chérie, dit-il.

– Peu importe, je suis sûre que c'est une affaire de travail. Je ne veux pas le savoir. Clairement, Lydia ne croyait pas à l'histoire de son mari. Je demande à Paul d'être là vers six heures et demie. Les enfants méritent un bon dîner, même quand leur mère est en voyage. »

# Chapitre 23

Ben et Lisa firent leur entrée dans le domaine des Aaronson, précédant leur père. Paul traversa le hall d'entrée et entra dans le spacieux salon, où ses enfants étaient en train d'embrasser leurs grands-parents. Lydia l'accueillit d'une bise sur la joue, et lui souffla à l'oreille : « Il se trame quelque chose. »

Henry traversa la pièce, serra fermement la main de son gendre et dit : « Comment vas-tu, Paul ? Pas trop déçu que les Knicks aient perdu hier soir ?

– Ça va bien, merci, murmura maladroitement Paul tout en se demandant de quoi parlait Lydia.

– Bien, bien, s'exclama Henry. Tu veux boire quelque chose ? J'ai une nouvelle bouteille de scotch dans mon bureau. Si l'on l'essayait ? »

Henry referma les portes coulissantes qui menaient à son bureau. Les murs avaient été récemment repeints en écru très clair, et le grand bureau de pin avait été remplacé par un ensemble de canapés et fauteuils absolument extravagant. Christopher était installé sur un des gigantesques canapés de cuir.

*Nous y voilà*, se dit Paul. Il salua Christopher et se fendit d'un murmure d'appréciation pour la nouvelle décoration.

« Lydia a dit que si je voulais vraiment partir à la retraite, dit Henry en servant trois verres de scotch, ma pièce ne devait plus ressembler à un bureau directorial. Buvez, buvez ! »

Paul s'effondra dans l'autre canapé, et Henry poursuivit.

« Nous avons surveillé de près la progression de ton magasin, dit Henry. Très impressionnant ! À l'évidence, tu as fait un gros travail de réflexion.

– Merci, répondit Paul. Mais en fait je n'avais pas vraiment le choix : j'ai réagi à une situation de crise. Apparemment, cette crise m'a forcé à trouver une meilleure méthode de fonctionnement.

– Ne vous sous-estimez pas, dit Christopher. Nous avons traversé beaucoup de crises toutes ces années. Mais toujours nous sommes retournés à la normale après le pic de crise.

– C'est ce que j'ai failli faire ; heureusement, Caroline m'en a empêché.

– Nous avons également été très impressionnés que tu aies su convaincre tous les directeurs de Floride du sud d'adopter ta méthode. Henry but une gorgée et demanda : Dis-moi, ce système que tu as mis au point, pourrait-il s'appliquer à toute la chaîne ?

– Oui, dans une certaine mesure, répondit Paul avec prudence. Il s'attendait à ce que la balle retombe dans son camp, mais il n'avait pas de réponse bien tranchée. Je pense qu'une grande partie pourrait très bien être mise en œuvre avec succès, et que nous aurions beaucoup à y gagner. Chaque région individuellement pourrait travailler ainsi et améliorer les performances de ses magasins.

– Et pourtant, tu sembles hésitant, dit Henry.

– J'hésite parce qu'une grande partie de la marchandise qui est vendue aujourd'hui dans ma région vient d'échanges en provenance des autres régions, expliqua Paul. Actuellement, les échanges inter-régions sont assez importants. Mais quand toutes les régions utiliseront les mêmes méthodes, je crains qu'il ne soit nécessaire d'en faire beaucoup plus. Mon problème étant que beaucoup de ces expéditions seront pour rien. Ca ne sert à rien de transférer une référence d'un dépôt pour s'apercevoir deux mois plus tard que ce transfert a provoqué une rupture de stock. »

– Mais si nous bannissions totalement les échanges, demanda Christopher, nous resterions gagnants, non ?

– Mais nous manquerions une opportunité. Et Henry n'aimait pas ça. Trop souvent, il y a des surplus dans une région pour des articles qui manquent dans une autre.

– Mieux vaut tenir que courir, répondit Christopher. »

Henry se tourna vers Paul. « Qu'est-ce que tu en penses ?

– J'aurais tendance à être d'accord avec Christopher, sauf que sans les échanges, ce sera encore plus difficile de convaincre les directeurs de magasin de coopérer, dit-il. Ce n'est que quand je leur ai promis que les ruptures de stock baisseraient, puisque davantage d'articles viendraient des autres régions, que j'ai pu me faire entendre par les directeurs de ma région. Et sans leur coopération franche et massive, un tel changement du fonctionnement sera très long à mettre en place. »

Les deux aînés échangèrent un regard, visiblement satisfaits par la prudence de leur cadet.

« Remontons un peu arrière, voulez-vous ? proposa Henry. Dans les magasins de la région Floride Sud, il n'y a actuellement pas d'échanges. Peut-être devrions-nous analyser comment tu as réussi ce miracle, et voir ce que nous pouvons en déduire pour les échanges entre régions ?

– D'accord, concéda Paul. Mais pour être honnête, je ne suis pas sûr qu'on y trouve quoi que ce soit d'utilisable. Un échange justifié, c'est quand on déplace du surplus d'un point donné vers un point qui est en rupture. Au niveau d'un magasin, cela signifie que tout échange réussi indique clairement qu'il y a eu une erreur, qu'une quantité trop importante a été transférée au magasin dès le départ. Sinon il n'y aurait pas de surplus. Dans notre nouvelle configuration, nous tenons compte du très court délai de réassort entre le dépôt régional et les magasins, et donc nous cessons de livrer de grosses quantités aux magasins. Nous ne constituons plus de surplus, donc nous n'avons plus besoin d'échanges pour rectifier le tir.

– Et qu'est-ce qui vous fait dire que cet élément n'est pas utilisable à plus grande échelle ? demanda Christopher.

– Deux raisons, répondit Paul. Premièrement, le délai beaucoup plus long qui est nécessaire pour remplir les dépôts. Deuxièmement, les dépôts ne reçoivent pas leur marchandise trop tôt – ils sont les points de départ de la distribution. »

Un silence s'abattit sur la pièce, et un petit sourire s'insinua sur le visage de Henry.

« Si j'en crois tes arguments, raisonna-t-il, puisque nous avons beaucoup d'échanges entre dépôts, cela signifie qu'une grande quantité de marchandises ne se trouve pas là où elle devrait être. Nous avons bourré les entrepôts de marchandise sans nécessité, au lieu de ne leur fournir que ce dont ils ont besoin.

– Dans l'immédiat, il est impossible de ne fournir aux entrepôts que ce dont ils ont besoin, argumenta Christopher. Tout le stock de la chaîne se retrouverait sur les docks de Fort Lauderdale.

– Précisément, acquiesça Henry. Ce qu'il nous faut, c'est un entrepôt central situé là-bas, tout près du port. Le transport entre Fort Lauderdale et n'importe lequel de nos entrepôts régionaux ne prendra jamais plus d'une semaine, ce qui est un délai plutôt court. Donc, si nous construisons un entrepôt central, nous pourrons répartir le stock aux dépôts régionaux sur la base de la consommation réelle. Nous serons sûrs que chaque article, du peignoir à la manique, se trouvera au bon endroit au bon moment.

– Ce serait la fin des échanges, dit Christopher, impressionné. Henry, pourquoi n'y avons-nous pas pensé plus tôt ?

– Tu te souviens ce que nous avons toujours dit, grogna Henry. Si ça semble bêtement évident, c'est probablement vrai. »

Paul, qui écoutait attentivement, comprit soudain. « Henry, avec toutes les références stockées en un seul endroit, tu ne résous pas seulement ton problème de logistique interne. Tu résous du même coup la moitié du problème de Caroline. »

Henry sourit. « Nous saurons exactement quoi livrer, où et quand. Les magasins et les entrepôts généraux n'émettront plus de commandes, ils seront réapprovisionnés en fonction de leurs ventes quotidiennes réelles.

– Donc les ordres d'achat seront générés uniquement par l'entrepôt central. Paul commençait à trouver cela très excitant. Le stock diminuera. Nous allons battre nos records de ROI. »

Henry tapa dans le dos de Paul et dit : « Fiston, j'aime bien ta façon de penser.

– Merci, Henry.

– Mais ça nous laisse une tonne de travail, sourit Christopher. Il va falloir localiser un entrepôt suffisamment grand près du port, prévoir la configuration…

– Calculer combien de stock il doit tenir, organiser la fréquence de livraison, Henry poursuivit l'inventaire. Il reste beaucoup de questions sans réponse.

– Il nous faut un gestionnaire d'entrepôt exceptionnel. Christopher se frotta le menton.

– J'ai votre homme, proposa Paul. Roger Wood, le directeur du dépôt régional de Floride sud. Il m'a accompagné pendant tout le processus. La configuration logistique vient entièrement de lui ; nous n'aurions jamais réussi sans lui. En plus, c'est un homme de l'entreprise, il a beaucoup d'expérience. Et il habite à côté, donc pas besoin de prime de déménagement.

– Excellent. Je demande à ma secrétaire d'organiser un entretien, dit Christopher. Puis il se pencha vers Henry. Mais je pense qu'il nous faut quelqu'un pour superviser tout le processus, pas simplement l'entrepôt central. Un tel changement impactera tous les magasins et tous les entrepôts, sans oublier la révision du système informatique.

– Oui, il nous faut quelqu'un qui connaît très bien l'entreprise. Henry regarda au plafond, l'air innocent. Quelqu'un qui aurait bien besoin d'un coup de pouce dans la bonne direction. »

Paul rougit.

« Paul, dit son beau-père, j'apprécie que tu aies voulu apprendre à la dure et partir du bas de l'échelle. Je sais que tu es très compétent. Ton œil infaillible et ton talent ont fait leurs preuves à tous les postes que tu as occupés. Mon cher ami ici présent me tanne depuis cinq ans pour que tu viennes le voir afin que tu puisses prendre le relais quand il sera à la retraite. Et il est temps que nous l'écoutions. »

Paul réussit à dire : « Je suis honoré… »

« Une minute, Henry, dit Christopher. Tu viens de dire que tu allais m'écouter ? Dire qu'il a fallu que je parte à la retraite pour entendre ça !

# Chapitre 24

À la fin d'une longue journée de travail, Henry Aaronson étala les documents restants sur son bureau et en plaça quelques-uns dans son attaché-case. Il se rendit jusqu'à la zone d'accueil du dernier étage du siège de Hannah's Shop. Il vit que la lumière était toujours allumée dans le bureau de Caroline. Il se demanda si c'était de son plein gré qu'elle travaillait si tard, où si elle y était obligée. Il lui avait imposé une forte pression en lui annonçant qu'elle lui succéderait, et il espérait bien qu'elle était consciente, comme lui, qu'elle était plus que prête à le faire.

Il regarda sa montre avant de frapper à sa porte.

« Il est 20 h 48, dit-il. Tu as l'intention de dormir ici ?

– Si tard ! dit Caroline. Elle leva les yeux et cligna des paupières. Je n'ai pas vu passer le temps.

– Qu'est-ce qu'il y a de si urgent qui t'empêche de rentrer retrouver Paul et les enfants ?

– Toujours cette inadéquation externe, dit-elle. Je n'arrive pas à penser à autre chose, j'y ai passé du temps. Je crois que j'ai trouvé une solution, mais je voulais m'assurer que je n'avais rien oublié avant de t'en parler.

– Ma fille, si tu as trouvé une solution, tu es plus forte que moi. Henry entra et s'assit. Sur ce problème, je tourne en rond.

– Alors tu y as pensé aussi ? »

Henry sourit. « Ça fait à peu près 40 ans que j'y pense. » Plus sérieusement, il ajouta : « Mais ces trois derniers mois, depuis que Paul a démontré que l'inadéquation interne pouvait être résolue, je n'arrête pas d'essayer d'imaginer comment étendre sa solution pour résoudre l'inadéquation externe.

– Moi aussi, reconnut Caroline.

– Je n'ai pas réussi, j'ai hâte de savoir ce que tu as trouvé…

– Eh bien Papa, voilà ce que je voudrais faire…

Caroline s'interrompit. Elle comprit que si elle commençait par le résultat – la conclusion qu'elle avait atteinte, sans expliquer en détail sa signification et son rapport avec le processus global, il pourrait bien jeter toute l'idée par la fenêtre. Mieux valait respecter les étapes.

– Tu vois, reprit-elle. Je crois qu'il vaudrait mieux que je te montre toute la logique, les liaisons de cause à effet que j'ai détectées, pour que tu puisses valider mon raisonnement.

– Encore mieux ! » Henry acquiesça et Caroline poursuivit :

« Pendant des années, j'étais absolument convaincue que cette inadéquation entre l'achat et la consommation réelle n'avait pas de solution. Je pensais que la combinaison fatale entre prévisions erronées et longs délais de réapprovisionnement nous condamnait à subir un grand nombre de ruptures de stock d'une part, et de gros surplus de l'autre.

– C'est exactement ce que nous pensions, Christopher et moi. Pas étonnant qu'il ait fallu tellement de temps pour que nous soyons convaincus que la solution de Paul fonctionnait bel et bien. Alors, tu as avancé ? »

Caroline se dit : *maintenant j'ai son accord sur le problème. Je peux commencer à exposer les mauvais rapprochements qui nous ont empêchés de voir la bonne direction pour le résoudre*. Elle continua son explication : « Je pensais que l'essence de la solution de Paul constituerait un bon point de départ, expliqua-t-elle. En essayant de voir comment elle pouvait m'aider à résoudre notre inadéquation externe, j'ai essayé de la comprendre vraiment, avec son cadre conceptuel.

– Très bien, dit Henry, satisfait. J'ai fait la même chose. J'imagine que tu as déjà détecté qu'à la base de son approche, il y a la conscience du fait que même si les prévisions sont nulles, elles ne sont pas uniformément nulles dans toute l'entreprise. »

Caroline sourit :

« Il m'a fallu pas mal de temps, j'ai pioché dans mes notes d'étudiante. Mais tu as raison, j'ai vu ça. Puis elle résuma son sentiment. C'est au niveau des magasins que les prévisions sont les plus fausses, et nous ne pouvons rien y changer. Selon la théorie du chaos, essayer de prévoir précisément la demande pour une référence donnée dans un magasin donné est aussi utile que de prévoir précisément la météo à un mois. »

Après avoir vainement dépensé des sommes considérables pour des systèmes de prévision informatisés, Henry avait investi de son temps pour étudier le problème en profondeur, et avait atteint la même conclusion déprimante. Il reprit :

« Mais la demande provenant d'un entrepôt régional est la demande cumulée de tous les magasins qu'il dessert. Puisque nous avons environ 10 magasins par région, le cumul fait que la prévision au niveau régional est environ trois fois plus juste que celle de chaque magasin. Statistiques de base… Et la prévision au niveau de l'entrepôt central, qui fédère la demande des dix régions, est encore trois fois meilleure.

– Exact, acquiesça Caroline. Et la solution de Paul est basée sur le fait qu'on profite de la meilleure prévision qui existe déjà. Les chaînes de détail ne devraient pas baser leurs stocks sur les plus mauvais niveaux de prévision, les magasins. Elles devraient les baser sur les meilleurs niveaux de prévision, l'entrepôt central. Et utiliser la flexibilité offerte par le délai de réassort relativement court pour diriger la marchandise là où elle manque.

– Bien dit, ma fille, commenta Henry. C'est là que j'ai bloqué, à l'intérieur des limites de l'entreprise. C'est là que m'a emmené le train du cumul. Tu m'as bien dit que tu avais trouvé une solution ? Tu as pu creuser un peu ? J'ai hâte d'entendre ça ! »

Toute fière, Caroline répondit : « Si nous passons les frontières de l'entreprise, si nous entrons jusque dans les usines, il n'y a pas de cumul géographique supplémentaire. Mais il existe une autre sorte de cumul qui continue à améliorer l'exactitude de la prévision. » Voyant que son père ne la suivait plus, elle expliqua : « Beaucoup de références différentes sont fabriquées à partir du même tissu teint. En moyenne, environ 10 références différentes sont réalisées dans le même tissu. »

Lentement, Henry dit : « Je ne vois toujours pas le rapport avec notre problème.

– Je vais te montrer le rapport ; au début, ça n'était pas clair pour moi non plus, dit-elle. Nous avons l'habitude de considérer que l'environnement du fabriquant est quelque chose de rigide, que la production de grandes quantités y est déterminée des mois à l'avance. Mais mes récentes conversations avec nos fournisseurs m'ont montré que cette rigidité n'est nullement inhérente au statut de nos fabricants ; en fait, elle vient de nous. Tu vois, une fois que le tissu est teint, ils ne travaillent pas par grosses quantités. Tant que nous les protégeons en leur envoyant des commandes « parapluie » qui leur garantit une certaine somme d'achats en dollars sur un certain temps, ils n'ont aucun problème pour ajuster leur planning de couture juste une semaine à l'avance. » Elle s'arrêta pour laisser à Henry le temps de digérer les conséquences de ce qu'elle venait de dire.

Il ne lui fallut pas bien longtemps. « Ce qui signifie que nous devons avoir des stocks aussi proches que possible du meilleur point de prévision, au stade du tissu teint. Et puisque le fabriquant dispose d'une grande flexibilité après cette étape, cela ne sert à rien de décider, des mois à l'avance, de quelles références nous aurons besoin. Nous ajustons les commandes en fonction de la consommation réelle à partir de l'entrepôt central. Ma fille, tu es une perle ! »

Caroline rosit en entendant le compliment. Il s'acheminait vers la solution, conclut-elle. *Excellent. Maintenant, voyons combien de temps il va lui falloir pour me sortir un « oui, mais ».* Elle poursuivit :

« Nous faisons de petites commandes hebdomadaires, en prévoyant juste le temps de transport. Temps de transport plus une semaine pour la coupe et la couture, pour être précis. Ces trois derniers mois, nous avons travaillé sur ce modèle avec nos gros fournisseurs. Ils adorent. Cela leur procure une sécurité à long terme – je garantis les achats mensuels totaux sur six mois – et de la stabilité, à la fois pour la production et pour la trésorerie.

– Remarquable. Mais, chérie, ta flexibilité pour les quantités dépend de leur stock en tissu teint. Comment t'es-tu débrouillée pour obtenir la garantie qu'ils auraient toujours le stock suffisant sans que ça nous coûte une fortune ? »

Et voilà, le « oui mais » était arrivé ! Elle sourit et répondit : « Très simple ! J'achète le tissu teint trois mois à l'avance, et les fabricants le gardent dans leurs locaux. Je paye, c'est vrai, mais ce n'est rien en comparaison avec ce qu'on payait avant ! »

Henry réfléchit. « Je vois », dit-il. « L'étape du tissu teint est le point de prévision le plus exact, donc le risque d'acheter trop ou trop peu est à son minimum. » Voyant son sourire, il poursuivit : « Tu n'as pas peur de te retrouver avec du tissu en surplus parce qu'on peut toujours lui trouver un usage, et tu t'assures de ne jamais en manquer. C'est beaucoup mieux que de conserver davantage de stock de produits finis dans nos locaux. Très malin, bravo ! Alors quel est ton problème ? Il me semble que tu les as tous résolus.

– Pas tout à fait. Jusqu'à présent, j'ai réduit notre dépendance aux prévisions à long terme et divisé par deux le délai de réapprovisionnement. Mais pour en profiter pleinement, il faudrait réduire en fonction des stocks que nous détenons à l'entrepôt central.

– Bien sûr, réagit Henry immédiatement. Nous pouvons réduire de plus de la moitié ! Tu n'as pas encore commencé ?

– Papa, je n'ai pas osé. »

Henry ne se hâta pas de demander pourquoi. Il avait compris la raison. « Tu n'as pas confiance en tes fournisseurs », affirma-t-il sans point d'interrogation.

« Comment le pourrais-je ? » Caroline laissa libre cours à sa frustration. « Bien sûr, ils me promettent de livrer dans les délais. Et pour la plupart d'entre eux, je sais qu'ils y croient. Mais que se passe-t-il si un autre client leur demande de livrer plus vite ? Sous la pression, ils plieront et on se retrouvera avec des livraisons en retard. Tant que nous détenons des mois entiers de stock ça ne pose pas de problème, ou tout au moins l'inconvénient est masqué par le fait que certaines références manquent dans le stock, de toute façon. Mais si je baisse le stock, le dommage sera bien réel – et très visible.

– Si c'est comme ça, dit Henry qui comprenait bien le problème, nous devons nous assurer que le fournisseur a tout intérêt à livrer à temps. Il faut que tu prévoies des pénalités de retard. Mais dans ces conditions je ne vois pas comment tu pourrais les persuader de nous livrer de petites quantités à seulement une semaine de délai. »

Bien, pensa Caroline. Il vient de passer au stade des « oui, mais » qui concernent les obstacles. Si je peux éplucher cette couche de résistance, j'aurai réussi.

« Papa, tu as raison, dit Caroline, si j'impose des pénalités, je n'aurai aucune chance de les persuader de travailler suivant ma nouvelle méthode.

– Franchement, je suis même étonné qu'ils acceptent de collaborer avec nous sur les petites quantités. Tu m'as bien dit que ces trois derniers mois, tous nos gros fournisseurs ont joué le jeu ? Comment t'y es-tu prise ? Comment les as-tu convaincus ?

– C'est toi qui m'as mis sur la bonne piste. Tu m'as ouvert les yeux sur le fait que – contrairement à ce que je pensais – cela ne fait pas partie de la nature des gens que de résister au changement. En fait, les gens jugent le changement qu'on leur propose pour voir s'il leur est bénéfique. Paul et moi en avons longtemps discuté, et nous avons compris que lorsqu'ils jugent un changement, les gens ne se concentrent pas seulement sur le trésor qui les attend en haut de la montagne, celui que leur promet le changement, ils prennent aussi en compte les efforts nécessaires pour escalader la montagne. De plus, ils considèrent aussi les effets positifs et négatifs du non-changement, le crocodile qui leur croquera les orteils s'ils ne changent pas, et la sirène qu'ils pourraient perdre s'ils tentent l'escalade. »

Voyant la tête de son père, elle se mit à rire : « Pardonne-moi ces métaphores. Le problème est que les gens considèrent les plus et les moins du changement, mais aussi du non-changement. Ils pèsent les risques engendrés dans chacun des quatre éléments du changement. Ce n'est qu'alors qu'ils décident d'accepter ou pas. Dès qu'on a compris ça, il n'est plus trop difficile de détecter les mauvaises connexions qui peuvent déformer chacun des quatre facteurs. À la base, ce n'est pas si difficile de pousser les gens à accepter un changement. À condition, bien sûr, qu'il soit bon pour eux.

– Voilà comment tu as réussi à convaincre tout le monde d'adopter la méthode de Paul. Tu as transformé notre vieille grande entreprise conservatrice, tu l'as fait vite et en douceur. J'y ai souvent réfléchi. C'est exceptionnel, dit Henry, sans cacher sa fierté. On dirait que tu as développé un outil très efficace. Revenons-en aux fournisseurs. Comment penses-tu résoudre le problème de fiabilité ?

– Je leur demande de devenir nos partenaires ; je leur demande de changer complètement les relations traditionnelles qui existent entre fournisseurs de textile et détaillants. Plutôt que d'augmenter leur peine en imposant des pénalités, rendons la poule aux œufs d'or plus attractive. Donnons-leur des primes d'exactitude, et du même coup nous protégerons nos intérêts.

– Leur donner des primes ? demanda Henry. Pour faire ce qu'ils sont censés faire ?

– J'ai calculé les bénéfices que nous gagnerons si nous arrivons à établir une relation de confiance et à réduire les stocks, répondit-elle. C'est énorme. Et en plus, cela nous ouvre d'autres horizons. Le ratio risque/récompense se modifie au point que je pourrais presque songer à une activité liée à la mode. Nos gains seraient si importants que nous pourrions facilement nous permettre de donner des primes aux meilleurs.

– Mais il faut les lier directement à nos performances, prévint Henry.

– Elles seront liées à leur capacité à contribuer à notre amélioration de performance, raisonna-t-elle. Leurs primes seront proportionnelles à nos rotations de stock sur leurs produits. Voyant que son père ne réagissait pas, elle ajouta : Et, bien sûr, pour avoir droit à la prime, il faudra que leur performance en terme d'exactitude ne descende pas en dessous de 95 % pour les trois mois précédents. Ainsi ils seront obligés de résister aux pressions des concurrents qui voudront la priorité. »

Il ne fallut pas plus de quelques secondes à Henry pour prononcer son verdict. « À vrai dire, si tu avais commencé la conversation en m'annonçant un programme de primes pour les fournisseurs, je t'aurais cru folle. Mais maintenant que tu m'as montré les liens de cause à effet qui t'ont permis d'aboutir à cette conclusion, je dois dire que c'est très ingénieux. »

Il se leva, marcha jusqu'à sa fille et l'embrassa sur le front.

« Maintenant que tu as trouvé la solution que j'ai cherchée pendant 40 ans, comme Moïse dans le désert, dit Henry avec un sourire chaleureux, tu as encore des doutes sur ta capacité à me succéder ? »

# Chapitre 25

Les quatre petits-enfants chantaient en chœur des chants de Hanukkah. Henry et Lydia n'auraient pas pu être plus fiers. Ryan et Sean, les jumeaux de Darren, avaient de jolies voix, tout comme leur blonde cousine Lisa. Et personne ne s'étonnait que Ben, dont la voix était en train de muer, chante aussi bas que possible.

Après que la performance reçut une ovation méritée, Paul et Caroline sortirent les dreidels[7] et les pièces en chocolat dans leur robe d'or. Le clan Aaronson s'assit pour commencer à jouer, et Henry toucha l'épaule de Darren.

« Tu veux bien me rejoindre dans le bureau ? »

Darren s'installa sur le canapé de cuir, prêt au combat. Chaque fois que son père le voyait seul, se dit-il, c'était la même histoire. Il allait lui faire un sermon : il avait eu tort de quitter Hannah's Shop, et ainsi de suite. Cette fois, vu les nouveaux chiffres qui étaient impressionnants, ce serait insupportable car son père allait pavoiser. Darren se jura d'essayer de se contrôler.

Henry s'assit face à Darren et demanda : « Mon fils, quelles sont tes prévisions pour l'avenir de l'entreprise ? »

Au moins, le ton utilisé était plutôt agréable, pensa Darren avant de choisir soigneusement ses mots :

« Je pense que dès le départ, l'entreprise était solide. Et ce qu'ont réussi Paul et Caroline va faire de Hannah's Shop une entreprise à part.

---

7. Toupie à quatre faces traditionnellement utilisée pendant les fêtes juives d'Hanukkah. On y joue à plusieurs, et les jetons sont souvent des pièces en chocolat.

– Hmmm…, tel fut le seul commentaire de Henry.

– Papa, ces dix dernières années, j'ai appris beaucoup sur l'art d'évaluer les entreprises. Paul et Caroline m'ont aidé à faire un audit en profondeur. En tant que professionnel, mon avis est qu'il n'y a aucune raison de s'inquiéter. Ces deux-là auront probablement beaucoup de mal à mettre en œuvre leurs nouvelles idées, mais leurs concepts sont solides, et ce sont des battants. Il faudra moins d'un an pour que l'entreprise batte de nouveaux records dans son domaine : en rentabilité, en rotations de stock, en nombre de références par mètre carré, en trésorerie… bref sur tous les plans. »

Henry s'abstint de répondre, mais conserva son expression préoccupée.

Darren ne savait trop que dire, il ajouta : « Dans un an, l'entreprise aura le tremplin qu'il lui faut pour devenir quelque chose de vraiment valable.

– Le tremplin, répéta Henry. Qu'est-ce que tu veux dire ? »

Et voilà l'inquisition qui recommence, se dit Darren. Ne t'énerve pas, réponds poliment. Ce sera bientôt fini. Tout haut, il répondit : « En tant que capital-risqueur, je suis habitué à chercher des entreprises qui ont réussi à développer un avantage concurrentiel décisif. Mais un avantage concurrentiel donne à une entreprise une fenêtre temporelle limitée ; tôt ou tard, la concurrence arrive. La vraie habileté en affaires consiste à capitaliser sur ton avantage concurrentiel tant qu'il dure. »

Henry plissa les yeux et répondit : « Et tu penses que Hannah's Shop a, ou aura bientôt, cet avantage concurrentiel ? »

« Sans aucun doute, dit Darren. Je crois aussi que cet avantage, dans la mesure où il est né d'un véritable défi lancé aux principes fondamentaux de la profession, durera plusieurs années. Ce qui est le plus difficile à copier pour la concurrence, c'est un changement fondamental. Il lui faudra probablement dix ans, voire même quinze.

– Et à ton avis, que devrait faire Hannah's Shop pendant cette fenêtre temporelle ? demanda Henry.

– Capitaliser. Assurer l'expansion. Il t'a fallu une vie pour transformer une petite boutique en une chaîne qui couvre tout le sud-est du pays. Utilisez cette opportunité, qui est rare, pour accélérer le mouvement de façon spectaculaire. »

À la grande surprise de Darren, Henry dit : « Je suis d'accord avec toi. Donc dans dix ans maximum, nous devrions couvrir le pays tout entier ? »

Darren décida de se risquer à exprimer son opinion sincère. « Avec un tel avantage, ce serait manquer le bateau que de se limiter aux États-Unis. Je penserais plutôt à une expansion internationale. »

Le silence s'abattit sur la pièce. Darren s'attendait à une forte réaction, ou au moins à un sermon de prudence de la part de son père. Au lieu de cela, Henry dit, très calmement :

« Même si Hannah's Shop est formidablement rentable, nous ne pouvons pas autofinancer une telle expansion. Tu vas essayer de me convaincre de chercher des investisseurs ?

– Ça servirait à quoi ? répondit Darren. Tu ne voudras jamais vendre ne serait-ce qu'une part de l'entreprise, ni lui faire prendre un risque en la noyant sous les dettes.

– C'est vrai, dit Henry d'un ton ferme. Mais à la surprise de Darren, il poursuivit : Donc cela veut dire qu'il faut oublier cette rare opportunité, comme tu dis, cet avantage phénoménal ?

– Ce serait une grave erreur, dit Darren d'un ton convaincu.

– Alors ? »

Il cherche la bagarre, pensa Darren. Très bien, on y va. Il dit d'un ton calme : « Il y a d'autres moyens de trouver de l'argent.

– C'est ce que je me disais, dit Henry à un Darren éberlué. La franchise, tu en penses quoi ? »

Darren faillit bondir sur ses pieds. « Papa, tu es sérieux ?

– Oui, très. Tu saurais me construire quelque chose de prudent ? »

Littéralement sans voix, Darren hocha la tête.

Henry demanda : « Il te faudrait combien de temps ?

– Ce genre de chose prend du temps. Au moins six mois.

– Bien. Mais nous avons un autre problème, plus important encore. Henry se leva et leur servit un verre. Darren, pour moi il existe deux sortes de gens. Ceux qui s'évaluent par leurs actions en fonction d'une certaine référence, et ceux qui se fichent totalement de ce que d'autres ont réalisé. Ceux-là s'évaluent en fonction du potentiel inhérent la situation dans laquelle ils se trouvent. »

Il fit une pause pour laisser parler Darren. Ce dernier savait exactement ce dont parlait son père. C'était d'ailleurs la partie la plus frustrante de son travail. Beaucoup d'entreprises cherchaient des investisseurs, mais la plupart d'entre elles n'avaient pas ce qu'il cherchait. Elles n'avaient pas le potentiel pour générer de forts retours, ou bien elles présentaient trop de risques. Le problème avec ce qu'il considérait comme de véritables opportunités, les entreprises à fort potentiel, c'était qu'elles se comparaient à la norme et qu'en conséquence elles se contentaient de ce qu'elles réussissaient. Elles réussissaient fort bien d'ailleurs ; bien mieux que leurs concurrents. Et il était tellement difficile, voire impossible, de les forcer à voir qu'elles auraient pu faire tellement plus ; que le potentiel solide et inhérent qu'elles s'étaient créé pouvait être utilisé pour faire tellement mieux que ce qu'elles avaient déjà réalisé.

« Je comprends, dit Darren à son père. Et tu crains que Caroline et Paul n'appartiennent à la première catégorie ? Qu'ils ne se satisfassent de ce qu'ils ont créé ? Je crois que tu les sous-estimes.

– Vraiment ? dit Henry, un brin sarcastique. Mon fils, imagine-toi en train de dire à ta sœur que tout ce qu'ils vont réussir : être le numéro un en rentabilité, devenir le modèle du secteur, etc., tout cela n'est qu'un – quel est ce mot que tu as utilisé ? – un tremplin. À ton avis, elle réagira comment ? »

À voir l'expression de Darren, la question était pure rhétorique.

« Tu es donc d'accord avec moi, ça ne sert à rien de leur poser la question maintenant, dit Henry.

– Et il n'y a aucun moyen de les faire bouger, ajouta Darren avant qu'ils ne voient clairement d'où viendra l'argent nécessaire à cette expansion rapide. »

Henry sourit. « Une expansion rapide ? Une explosion tu veux dire ! Fils, quand le temps sera venu…

– Il ne faut pas attendre trop longtemps, s'exclama Darren. D'après mon expérience, je peux te dire qu'à moins que tu ne les secoues, ils ne commenceront à bouger que quand un concurrent quelconque les rattrapera. Et alors il sera trop tard.

– Mon fils, quand le temps sera venu, répéta Henry, je ne serai plus dans une situation où je pourrai agir. Il existe un moyen certain de ruiner la compagnie pour moi, et c'est de rester sur le siège arrière de la voiture à me prendre pour le copilote. Tu comprends maintenant que la balle est dans ton camp ? »

Darren vida son verre. Il prit une profonde inspiration et dit : « Ne t'inquiète pas. Je suis capable de les convaincre. » Avec un grand sourire, il ajouta : « Bien sûr, je m'occupe des franchisés et je prends ma part du gâteau. »

Henry se leva. « Quand je pense que pendant toutes ces années, j'ai été convaincu que tu avais pris la mauvaise décision, que tu avais gâché ta vie. Viens fiston, rejoignons la famille. Je veux te faire mes excuses en présence de ta mère. »

# Chapitre 26

Darren entra dans le bureau de Caroline.

« C'est drôle, j'aurais cru que tu ferais des changements radicaux dans le bureau de papa », dit-il.

Caroline et Paul se mirent à rire. Tout avait changé depuis qu'elle avait pris la présidence, un an auparavant.

« J'ai les bras chargés de cadeaux, dit Darren, et il déposa un plateau avec trois tasses de café, chacune estampillée d'une marque bien connue. Noir pour Paul, mélange de Colombie pour Cara, et le nouveau trumuccino italien pour moi.

– Matthew aurait pu nous faire le café, dit Caroline.

– Je sais, répliqua Darren en grimaçant. Mais là, c'est du bon café. »

Ils échangèrent quelques histoires d'enfants, puis Paul dit : « Allons, au boulot. Tu as voulu nous voir pour parler de l'expansion. Je t'ai préparé tous les rapports. Comme tu le vois, l'année dernière nous avons connu une expansion deux fois supérieure à celle de nos concurrents. Nous venons de terminer les recherches préliminaires pour notre troisième nouvelle région ». Paul était visiblement fier du travail accompli.

« C'est formidable, dit Darren sans regarder le rapport, mais ce n'est pas pour ça que je suis là.

– Pour quoi alors ? demanda Caroline. Tu nous as pourtant dit clairement que tu voulais nous parler de l'expansion.

– Oui, oui, répondit-il. De l'expansion que vous devriez accomplir, pas de la vitesse d'escargot à laquelle vous pensez avancer.

– Nous bougeons deux fois plus vite que la concurrence ! Paul souleva les rapports qu'il avait préparés. Deux nouvelles régions en un an. Là d'où je viens, doubler tout le monde ça s'appelle aller vite.

– Vous avez triplé les profits et vos magasins ont six fois plus de rotation de stocks, répliqua Darren. Mais Paul, pourquoi vous comparer aux concurrents ? Pourquoi ne pas nous concentrer sur ce que nous devons faire ?

– Il n'a pas tout à fait tort, dit Caroline avant que Paul puisse intervenir. Ce n'est pas en regardant les concurrents que nous avons conçu le nouveau fonctionnement de Hannah's Shop. Voyant que son mari approuvait, elle se retourna vers Darren et dit : OK, tu commences par le commencement, s'il te plaît.

– Hannah's Shop a un avantage considérable, dit le capital-risqueur, un avantage sur lequel nous devons capitaliser avant que les concurrents ne nous rattrapent. Nous pouvons, et nous devons, étendre rapidement la couverture géographique de la chaîne, et pour cela il nous faut de l'argent. Avant que vous ne passiez à l'attaque, je suis d'accord pour ne pas chercher d'argent à l'extérieur, ni investisseurs, ni emprunts, ni hypothèque sur les biens familiaux.

– Une des règles de Papa : ce que tu as, c'est ce que tu as, cita Caroline.

– Et c'est ce que nous avons fait jusqu'à présent en termes d'expansion, expliqua Paul. J'ai pris en compte uniquement l'argent que nous générons, considérant bien sûr que comme nous grandissons, nous devons aussi accroître nos réserves en liquidités. Darren, même si l'opportunité est séduisante, ni Caroline ni moi ne sommes prêts à naviguer trop prêt du vent.

– Ce n'est pas ce que je suggère, assura Darren. Mais avant de discuter rapidité, si on parlait de ce pour quoi on a besoin d'argent ?

– C'est évident, non ? demanda Caroline.

– Cara, tu ne vois pas qu'il a quelque chose derrière la tête ? demanda Paul. OK Darren, pour l'expansion, il nous faut de l'argent pour construire l'infrastructure et pour ouvrir les magasins. »

Darren attrapa la balle au bond. « Au niveau des magasins, vous avez réduit l'élément numéro un ; il ne nous faut plus qu'une fraction de l'investissement conventionnel pour les stocks. Vous avez aussi beaucoup réduit l'investissement nécessaire pour le stock détenu au dépôt régional.

– Mais Darren, Paul commençait à perdre patience, tu sais bien qu'il faut beaucoup d'argent pour la publicité. Ne t'y trompe pas : le fait que nous ayons un nom dans une région ne suffira plus si nous voulons nous étendre, même dans un état voisin. Ne serait-ce que cette année, j'ai mis sur la table des sommes exorbitantes pour établir notre marque dans deux nouveaux états seulement.

– Exactement, sourit Darren. Il suggéra : Mais il existe peut-être une méthode différente pour faire connaître la marque.

– Du genre ? demanda Paul. Il but une gorgée du café que son camarade d'université avait apporté.

– J'ai eu une révélation, raconta Darren. On ouvre un grand nombre de magasins en même temps dans une zone restreinte, et la marque est connue sans qu'on ait dépensé un sou pour la publicité. C'est fantastique !

– Ton idée brillante, c'est donc d'économiser sur la pub en dépensant une petite fortune tout d'un coup ? demanda Caroline.

– Et qui te prouve que ça va marcher ?, demanda Paul. Supposons que nous ouvrions tous ces magasins, et que ça tombe à plat parce que nous n'avons pas assez de publicité ?

– Vous voulez des preuves ? s'enquit Darry, sourire aux lèvres. Vous voyez ce que vous avez dans les mains ?

– Du kawa ? demanda Caroline.

– Oui, Cara, dit Paul, qui avait compris l'idée de son beau-frère. Regarde le logo des gobelets. Tu te rappelles ? Cette entreprise a ouvert ses magasins – sept en une nuit en centre-ville de Miami, sans aucune publicité ? Ils ont littéralement ruiné la concurrence…

– D'accord. Attention, ça me titille, mais je ne suis pas convaincue, dit Caroline. Mais pour en revenir à ma question de tout à l'heure, où allons-nous trouver l'argent nécessaire pour ouvrir autant de magasins aussi rapidement ? Te connaissant, Darren, je dirais que tu nous vois ouvrir dans dix, voire vingt régions par an, au moins.

– Qui a dit qu'il fallait de l'argent ? répliqua Darren.

– Tu ouvres un magasin, tu loues un local, expliqua Paul. Tu le rénoves, tu engages du personnel, tu investis dans la marchandise. Ça fait beaucoup d'argent, il me semble !

– Je sais bien, répondit Darren. Mais qui a dit que ça devait être notre argent ? On pourrait franchiser la marque. Ainsi nous conserverions le contrôle sur la chaîne sans hypothéquer nos avantages.

– Mais qui trouverait un intérêt à se franchiser chez Hannah's Shop ? demanda Caroline.

– Je n'aurais pas confiance. À mon sens, un franchisé ne peut pas gérer un magasin correctement, en tout cas pas comme je le ferais, ajouta Paul.

– Il vous reste des balles dans le chargeur ? demanda Darren, cynique. On est du même côté, vous vous rappelez ? »

Caroline sourit et répondit : « Prouve-le !

– Vous avez entendu parler des financements mezzanine ? Voyant que cela ne leur disait rien, Darren poursuivit. J'en étais sûr. C'est un moyen choisi par beaucoup d'investisseurs conservateurs mais avisés. Des gens qui ne souhaitent pas prendre le risque d'investir dans la bourse ou encore moins dans une *start-up*. Ils recherchent un retour beaucoup plus important que les retours catastrophiques qu'on obtient sur les titres.

– Jusque-là, je te suis », commenta Caroline.

Darren enfonça le clou. « Ils ne veulent pas consacrer du temps et de l'argent à faire faire des audits approfondis, et ils ne veulent pas être mêlés à la direction d'une entreprise. Ils recherchent des moyens de prêter leur argent à une entreprise solide ayant fait ses preuves, à un taux d'intérêt d'environ 25 %. Ils n'exigent pas de caution : leur sécurité provient des droits qu'ils obtiennent à convertir en titre de propriété ou en participation au cas où le prêt ne serait pas intégralement remboursé en temps et en heure.

– Tu plaisantes ? répliqua Caroline sèchement. Nous ne voulons pas de prêt, et il n'est pas question, sous quelques circonstances que ce soit, que nous distribuions des participations.

– Petite sœur, si tu voulais bien me faire confiance ? Je n'ai pas l'intention de procéder ainsi, de plonger tout droit dans un financement mezzanine. Je veux simplement vous faire comprendre l'état d'esprit de ce type d'investisseurs, ce qu'ils cherchent.

– Continue, dit Paul. Je crois que je vois où tu veux en venir.

– Désolée Darren, s'excusa Caroline. Tu m'as prise par surprise… Vas-y, je te suis. »

Darren sourit, prit le temps de terminer son café et poursuivit. « Vous connaissez le ROI différentiel d'un seul magasin dans une chaîne de linge de maison ?

– Non, répondit Caroline. Nous connaissons le ROI d'une chaîne, pas d'un magasin individuel, mais nous pourrions probablement faire une estimation. Un bon détaillant en linge de maison fait environ 6 % de profit sur les ventes, et sa rotation de stock se situe à environ 3 par an. Vu les facteurs habituels, le ROI d'un seul magasin devrait tourner autour de 15 %.

– Je suis d'accord avec toi, commenta Darren. Et à combien croyez-vous que se situe le ROI différentiel d'un seul magasin de Hannah's Shop ?

– Je le savais, dit Paul avec un grand sourire. Je savais qu'on en arriverait là. Notre investissement dans un magasin équivaut à peu près à la moitié de l'investissement normal, et nos profits sont à peu près trois fois plus importants. Notre ROI est à plus de 100 %, c'est sûr. Pour quelqu'un qui recherche un retour de 25 %, c'est presque trop beau pour être vrai.

– Quand on a affaire à un investisseur conservateur, rien n'est trop beau pour être vrai, dit Darren. Mais l'argent de l'investisseur doit être engagé dans un magasin qui fait partie d'une entreprise solide ; et Hannah's Shop avec ses cinquante ans d'activité, sa dette à zéro et son excellente réputation, est à coup sûr une entreprise solide. En plus, nous avons les statistiques de plus de cent magasins, et chacun montre un ROI supérieur 100 % par an. Et l'investisseur serait le premier à en bénéficier, avant même que l'entreprise prenne un cent de bénéfice. Sa part sera de 30 % par an sur l'investissement dans ce magasin spécifique. Si on tient compte de tout cela, l'investisseur n'a pas à s'en faire, il aura ses 30 % par an.

– Attends, intervint Caroline, l'investisseur investit dans un nouveau magasin, et au cas improbable où la rentabilité de ce magasin est inférieure à 30 % pour son investissement, il n'aura aucun droit de propriété ou de participation sur l'entreprise, seulement sur ce magasin spécifique.

– Exactement, répondit son frère. Et Hannah's Shop disposera d'une option pour racheter son investissement au bout de quelques années, à un prix prédéterminé.

– Mais ça n'est pas de la franchise, commenta Paul.

– Si, au sens où il y a une entité extérieure par magasin, et où on n'investit plus dans le magasin mais seulement dans l'infrastructure support, expliqua Darren. Et pour cela si l'on tient compte du fait qu'il n'y aura pas d'investissement lourd dans le stock du dépôt régional, Hannah's Shop a largement les moyens d'ouvrir plusieurs régions par an.

– Il faudra les ouvrir par groupes si nous voulons minimiser les coûts de publicité, récapitula Paul, mais ce qui me plaît le plus dans ton idée, c'est que nous conservons un contrôle total sur les opérations.

– Il nous faudra des comptabilités différentes pour chacun des magasins, nota Caroline.

– Oui, acquiesça Paul. Mais si on voit les choses du bon côté, je connais beaucoup de directeurs de magasin qui seront ravis d'avoir un intéressement sur le magasin qu'ils dirigent. »

Après cet aller-retour entre sa sœur et son mari, Darren n'ajouta plus un mot. Il avait fait son travail ; maintenant ils se convainquaient l'un l'autre !

« C'est très important, dit Caroline, parce que cela nous offre un canal de promotion exceptionnel, surtout si l'expansion est rapide.

– Pour les bons directeurs de magasin, ce sera un don du ciel, je peux vous le dire, dit Paul. Savoir qu'il y a sept personnes à l'intérieur de votre propre magasin qui reluquent votre place n'est pas très confortable. Actuellement, il y a dans l'entreprise beaucoup de responsables de rayons et de départements qui n'ont pas de débouché dans l'entreprise. Non seulement cela constituera pour eux une véritable option de promotion, mais cela incitera les autres employés à travailler plus dur.

– C'est probablement la bonne solution. Mais bien sûr, il reste des millions de détails à régler. Se tournant vers Darren, elle ajouta : Mais avant même d'aller plus loin, j'aimerais que tu répondes à une question. Nous ne savons pas faire ce que tu nous proposes ; comment trouver des investisseurs, comment négocier les contrats, ce qu'il faut y mentionner ou non. Nous avons besoin de ton aide.

– N'aie crainte, ma chère petite sœur. Darren souriait comme le chat du Cheshire. Comme il l'avait dit à son père le matin même, il avait bien préparé le terrain. Je serai ravi de vous offrir mes services. Avec la commission habituelle, bien sûr. »

# Épilogue

Du haut de la terrasse du dernier étage, la vue était à couper le souffle. Paul regardait les lumières de la ville de Sao Paulo, qui semblaient se perdre dans l'infini. Avec la brise fraîche qui soufflait, elles transformaient la fête des investisseurs brésiliens en un événement quasi-miraculeux. On entendait une musique de samba en fond sonore, et des bruits de conversations lui parvenaient de l'intérieur.

Soudain, Paul entendit la voix de Darren. « Alors, Ben sait ce qu'il veut faire, maintenant qu'il a son diplôme ? » Le New Yorkais sortit sur la terrasse, flûte de champagne à la main.

« Il faut que je te dise, il y a quelque chose qui ne va pas chez ce gamin, plaisanta Paul. Il a commencé à travailler à Hannah's Shop. Et il a demandé à évoluer lentement, à apprendre à partir du bas de l'échelle.

– Tu dois être fier », dit Darren.

Paul sourit à sa femme qui venait de les rejoindre.

« Ah, voilà mon duo de choc, dit-elle. Justement, je voulais vous parler. »

Exactement comme Papa, se dit Darren, le travail d'abord ! J'imagine que c'est de famille…

« Maintenant que tout se passe si bien, je voulais vous parler de quelque chose qui me travaille depuis un petit moment, dit-elle en s'asseyant sur le banc capitonné. Darren, tu es devenu un véritable expert en franchise, pas vrai ?

– Je crois qu'on peut dire ça. Son frère haussa les épaules modestement. Nous avons des franchises qui marchent aux États-Unis, au Canada, en Europe, en

Chine, en Australie et maintenant au Brésil, donc je dois être devenu une sorte d'expert du domaine !

– Mais alors, pourquoi n'as-tu jamais utilisé son savoir faire en dehors de Hannah's Shop, demanda Caroline. Dans d'autres domaines, je veux dire ? »

Darren s'appuya à la balustrade et répondit : « Cela fait neuf ans que je supervise l'expansion, et c'est maintenant que tu poses la question ?

– Cara t'a posé une bonne question, en effet, dit Paul en s'asseyant près de sa femme. Ce n'est pas comme si nous t'en avions empêché.

– Je ne sais pas, dit Darren, un peu mal à l'aise. Je n'ai jamais trouvé la bonne opportunité. »

Paul trouva que la réponse sonnait faux. Il connaissait trop bien son beau-frère pour s'en contenter. « En neuf ans, aucune opportunité ?, demanda-t-il.

– J'ai essayé, reconnut le capital-risqueur. Mais quand j'ai approché des entreprises, je leur ai révélé une petite partie des idées que vous deux avez développées, et toutes m'ont répondu que je devrais me concentrer sur les investissements et leur laisser l'aspect opérationnel. Le seul moyen de persuader la direction, c'était de racheter l'entreprise. Mais ça n'avait aucun intérêt, parce qu'à coup sûr je me serais retrouvé coincé puisque je n'aurais pas su convaincre le management intermédiaire.

– Je comprends…, dit Paul.

– Je vois le potentiel, je vois le gâchis, poursuivit Darren. Avec de tels concepts, on pourrait véritablement faire des miracles. Acheter des chaînes entières et en un an ou deux en décupler la valeur. Je pourrais faire honte à Warren Buffet !

– Tu es en train de dire qu'il te faudrait un opérationnel avec toi, pour compléter l'équipe, c'est bien ça ? demanda Caroline. Quelqu'un comme Paul. »

Ni Paul ni Darren n'en croyaient leurs oreilles. Caroline était-elle vraiment en train de proposer que Paul quitte l'entreprise ?

« Chérie, qu'est-ce que tu racontes ? », demanda Paul.

Caroline prit la main de son mari et dit : « Paul, tu es quelqu'un d'étonnant. Je t'aime plus que tu ne peux l'imaginer, mais là, tu deviens insupportable.

– Quoi ? Paul n'en revenait pas.

– Partout où nous allons, tu trouves des problèmes, répondit-elle. Tu te rappelles quand nous sommes allés acheter ce maillot de footballeur pour Ben, et qu'ils n'en avaient plus. Tu as fait une véritable conférence au jeune vendeur qui était au comptoir.

– Le maillot de footballeur… murmura Paul.

– Par exemple, oui, dit-elle. Ou quand nous avons acheté mon *eyeliner* préféré, et que tu as sermonné la gentille vendeuse car son étalage n'était pas complet. Tu lui as conseillé de se réapprovisionner tous les jours.

– Mais c'est parce que c'est tellement rageant à voir : ça n'est pas si difficile après tout, répondit Paul, passionné par son sujet. Ils n'ont pas besoin de boule de cristal, ni d'inondation dans les stocks. Pourquoi ne pas améliorer les choses dès maintenant ?

– Tu vois ce que je veux dire ? Caroline se tourna vers son frère. Je ne peux plus l'emmener nulle part !

– Ça n'a pas d'importance, poursuivit Paul. On travaille ensemble et on fait une bonne équipe.

– Mais je ne veux pas te couper les ailes, te retenir, dit Caroline. Tu vois bien comment tes idées pourraient s'appliquer dans d'autres domaines. Te maintenir cantonné à l'intérieur des limites du linge de maison serait égoïste de ma part. Je ne veux pas te faire ça. »

Bien sûr, elle avait raison, comprit Paul. C'est ce qu'il voulait au plus profond de lui. Il n'en aimait que davantage Caroline pour avoir su en parler. Sa décision le laissait sans voix.

Heureusement, Darren parla. « Et maintenant que tu as viré ce lascar, tu voudrais que je m'associe à lui ?

– Tu laisserais quelqu'un d'autre lui mettre la main dessus ? demanda-t-elle. Réfléchis un peu. Tous les deux, vous pourriez vous attaquer à n'importe quel domaine – articles de sport, électronique, cosmétique, que sais-je encore – et faire ce que vous avez fait pour Hannah's Shop. Après tout, Darren, c'est bien toi qui le premier nous as montré qu'il fallait toujours penser à grande échelle, et qu'on peut toujours faire plus, même quand on a atteint le sommet, même si cela paraît impensable. Maintenant, plus rien ne vous retient ! »

Paul sourit et leva son verre pour porter un toast. « Tout est possible.

– Oui, sourit Darren en trinquant avec Paul. Oui, même l'impossible.

# Appendice

# Les 5 secrets du commerce de détail

*Le But* avait pour cadre une usine. Beaucoup d'adeptes de la théorie des contraintes considèrent encore la contrainte comme un goulot de bouteille – une ressource dont la contenance est le facteur limitant de la capacité du système à générer davantage de production. Cette perception erronée bloque l'identification exacte de la contrainte dans la plupart des environnements où l'on ne fabrique pas. J'espère que ce livre corrigera une bonne fois pour toutes ce malentendu, puisqu'en commerce de détail la contrainte n'a rien à faire avec la capacité limitée d'une ressource, quelle qu'elle soit.

## 1. Identifier la contrainte du système

La contrainte du commerce de détail, c'est le nombre de personnes qui entrent dans le magasin.

Si ce nombre augmente, les ventes suivent. L'influence dominante qu'exerce le nombre de personnes qui entrent dans le magasin sur les ventes (c'est-à-dire l'équivalent de la production) du magasin a été bien analysée par William

Dillard (qui a commencé avec 1 magasin et en possédait 350 à la fin de sa vie) : « L'implantation, l'implantation et l'implantation. » Cette prise de conscience est également la base de toutes les promotions en commerce de détail et la raison pour laquelle les détaillants attendent avec impatience des périodes comme celles qui précèdent Noël.

### 2. Décider comment exploiter la contrainte du système

À juste titre, la plupart des sujets de conférences, de séminaires et d'ouvrages consacrés au commerce de détail tournent autour de ce thème. Bien sélectionner la marchandise, bien fixer ses prix, bien mettre en valeur les produits : tous ces éléments ont un impact majeur sur la réussite d'un magasin, s'agissant d'exploiter sa contrainte, c'est-à-dire sa capacité à attirer les clients à l'intérieur du magasin, et à acheter. Donc ces décisions sont cruciales.

Malheureusement, malgré le fait qu'à l'évidence, on ne peut pas vendre un produit qui manque, les professionnels du commerce de détail ne semblent pas vouloir voir que le facteur dominant qui démolit tous leurs autres efforts pour améliorer l'exploitation est l'ampleur et l'impact des ruptures de stock (*voir chapitre 8*). Ils ne se rendent pas vraiment compte non plus de l'impact dévastateur qu'exercent les surplus sur la bonne marche de leur magasin – ni de l'impact indirect qu'ont les surplus, vu les restrictions en liquidités et en espace (*voir chapitre 14*).

### 3. Tout subordonner aux décisions ci-dessus

Tout comme dans l'industrie, le problème dans le commerce de détail vient d'une mauvaise hiérarchisation des priorités. Tout comme l'industriel, le commerçant est soumis à des optimaux locaux[8] qui incitent la chaîne logistique à se montrer efficiente plutôt qu'efficace.

Dans l'industrie, cela se manifeste par une pression pour produire avant les délais ; dans le commerce, par la pression de la marchandise vers l'aval (*voir chapitres 18 et 23*). Et cette mentalité qui consiste à rechercher les optimaux locaux fait que les deux environnements sont dominés par tout ce qui tourne autour des coûts. Plutôt que d'aider la chaîne logistique à fonctionner d'une

---

8. Optimum local : Solution à un problème qui est meilleure que toutes les autres solutions légèrement différentes, mais plus mauvaise que l'optimum global (Source : *National Institute of Standards and Technology*).

façon qui minimisera les ruptures de stock et les surplus, ce désir dominant de faire des économies à l'achat et sur le transport aboutit à de grosses quantités qui provoquent des dommages dix fois supérieurs à la production en aval (*voir la dichotomie chapitre 12/chapitre 21*).

### 4. Augmenter la contrainte du système

Réduire les ruptures de stock augmente la satisfaction du consommateur et diminue considérablement son mécontentement. Réduire les surplus aboutit à une meilleure mise en valeur des marchandises, et à une augmentation de la variété des produits en stock. Le réassort beaucoup plus rapide permet d'ajuster l'offre de produits au goût réel de la clientèle locale. Tout cela aboutit non seulement à une meilleure exploitation, mais aussi à une fidélisation du client, à un bouche à oreille positif qui tôt ou tard se traduira par une réelle hausse de la contrainte – c'est-à-dire à une augmentation du nombre de clients qui entrent dans le magasin.

### 5. Attention ! Si au cours des étapes précédentes, une contrainte a été « cassée », revenez à l'étape numéro 1

C'est l'étape la plus difficile en environnement industriel. Les améliorations de fonctionnement peuvent déplacer la contrainte vers le marché, et une amélioration dans la capacité à vendre peut déplacer la contrainte et la ramener vers le fonctionnement. À chaque fois qu'un tel déplacement se produit, si l'entreprise n'y est pas préparée, les performances plongent.

Cette complexité n'existe pas dans le commerce de détail. Même si nous améliorons l'exploitation de la contrainte, même si nous augmentons la contrainte, cette dernière ne « casse » jamais ; la contrainte du commerce de détail demeure immuable : c'est « le nombre de clients qui entrent dans le magasin. » C'est pourquoi le commerce de détail est un des environnements où il est le plus facile et le plus sûr de mener à bien d'importantes améliorations de la performance.

IMPRESSION, BROCHAGE

imprimerie CHIRAT

42540 ST-JUST-LA-PENDUE
OCTOBRE 2010
DÉPÔT LÉGAL 2010
N° 201010.0001

IMPRIM'VERT 2010

IMPRIMÉ EN FRANCE